叢書・ウニベルシタス　1055

我々みんなが科学の専門家なのか？

ハリー・コリンズ
鈴木俊洋 訳

法政大学出版局

ARE WE ALL SCIENTIFIC EXPERTS NOW?
by Harry Collins

This edition is published by arrangement with Polity Press Ltd., Cambridge
through the English Agency (Japan) Ltd.

我々みんなが科学の専門家なのか？

目次

凡例

一、本書は、Harry Collins, *Are we all scientific experts now?*, Polity, 2014. の全訳である。
二、原文でイタリックとなっている強調箇所は傍点で強調する。書名の場合は『　』とする。
三、原文の“　”は「　」とする。訳文中や原注内の〔　〕は訳者が読者の便宜を考慮して補った部分である。
四、訳注及び訳者あとがきにおける参考文献は、原則的に、本文の参考文献表にあるものは著者名と発行年のみを、本文の参考文献表にないものは、そのつど文献情報を記した。
五、原注は番号を（　）で囲み、本文の傍注とする。
六、訳注は番号に＊を付け、巻末にまとめて掲載する。

序——専門知の危機の高まり

一九五一年、私は両親に連れられて英国博覧会[*1]に行った。九〇メートルのアルミニウム製の尖った葉巻を直立させたような「スカイロン」[*2]が、スチール製のケーブルで地上十五メートルの高さに釣り上げられていて、私はその真下に行った。スカイロンは空中に浮かんでいるように見えた。ひょっとして科学者や技術者が思ったよりいいかげんに作っていて、この巨大な物体が落ちてきて頭に突き刺さったらどうしようなどと考えたら、真下に立つ子供は結構なスリルを感じた。

英国博覧会は、ロンドン万国博覧会[*3]から一〇〇周年の年に開催された。国民的行事を通じてイギリス国民に戦後復興の道筋を示し、素晴らしい科学技術の新時代の到来を知らせるためのものだった。そのわずか数年後の一九五六年には、世界初の商業的な原子力発電所、コールダーホール[*4]が、イギリスに電力を供給し始めた。その一年後、史上初の核融合原子炉ZETA〔ジータ〕[*5]が完成した。ラジオ、新聞、ニュース映画（コリンズ家は、テレビが買えるほど裕福ではなかった）などがこれらの出来事を報じていた。今日でも、そうした古い記録のなかの終戦直後の雰囲気は、輝かしい未来の感覚に満ちている。コールダーホールは、原子爆弾の持つ恐ろしいエネルギーを飼い慣らして、家庭に電力をもたらした。ZETAは、それよりもはるかに大きな水素爆弾の無際限のエネルギー、つまりは、太陽のエネルギーの源を飼い慣らそうとしていた。アメリカ原子力委員会の委員長、ルイス・ストラウス[*6]は、一九五四年の米国科学著述者協会での講演で、核分裂と核融合のエネルギーの使用を予見して、次のように語った。「我々の子供たちの時代には、家庭で使う電力は、その使用量を測定する必要もないくらいに安価になるだろう。」スカイロンの他にも、ナイロン――とても簡単に洗濯できるシャツやブラウスの材料――、ジェット旅客機、ペニシリン、ポリオワクチンなどもあったし、失業問題に終止符を打つ新しい経済学

図 0–1：スカイロン

理論もあった。それらの素晴らしいものは、科学の専門家が作り出したものだった。彼らは、それほど多くない人数で、遠く離れたところにいて、強大な力を持つ専門家たちだった。

　しかし、すべては狂い始めた。ナイロンのシャツは汗臭くなり、襟元に黄ばみが目立ったし、ジェット旅客機のコメット号[*7]は空から墜落し、新しい経済学はインフレ期における不況すら防ぐことはできなかった。核分裂エネルギーに関して言えば、それについて我々の知識が増えるに従って、その使用が、未来世代に、とてつもない損失を伴う有害な遺産――つまり、処理に膨大なコストと危険を伴う放射性廃棄物――を残すだろうことが分かってきた。地球を温暖化させずにエネルギーを産出できる人類の救世主という原子力の近代的イメージは、我々の世代にとっては、悪い冗談にしかならない。核融合エネルギーについてはどうだろうか。ＺＥＴＡは無惨に失敗し、大騒ぎの末に一九六一年に閉鎖された。二〇一〇年代の現在、水素原子が「無際限のエネルギー」の源だったのは、はるか昔の話である。それに、たとえそれがうまく行ったとしても、さらなる放射性廃棄物という遺産を産み出すことになるのである。

　私が子供だったころから、科学技術は次から次へと失敗を、それも、公衆の面前で、繰り返してきたように思える。英国博覧会で約束されていた未来はすぐに輝きを失った。葉巻型をしたスカイロンもスクラップにされ売られたことだろう。専門家と言うが――そもそも、彼らは一体、何の専門家だったのだろう。スカイロンのたどった運命に象徴される最近の出来事にも目を向けてみよう。

イギリスで一九九〇年代に、「狂牛病」、あるいは、牛海綿状脳症（ＢＳＥ）という、牛の脳や脊髄や神経組織の病気が人々の話題を独占した。その病気は、牛の死体を牛に食べさせることに由来することが結果的に分かった。家畜の屠殺場は、「スクレイピー」という病気で死んだ羊の残骸で汚染されていて、その死骸が肉や骨粉にされていた可能性もあった。草食動物たちに共食いをさせたということ自体がぞっとすることであり、それが畜産の技術的効率を高める名目で行われたことも不吉だった。数十万頭の牛が屠殺されたが、それでも科学者たちは、病気に感染した動物の肉を食べることで人間に害はないと主張し、みんなも知っているように、テレビではイギリスの大臣の一人が自分の娘にハンバーガーを与えるシーンが流された。この失敗の結果、一五〇人以上のイギリス人が、恐るべき「変異型クロイツフェルト・ヤコブ病」によって非業の死を遂げることになった。

科学技術が、牛の病気を流行らせ、その病気の性質と人間への危険性についての理解を誤ったのは明らかであり、さらに、そこに商業的利権が加わり、省庁付科学者たちの公式に認められた宣言を操作したのは明らかだった。ほとんどの良識ある一般の人たちは、はじめから、死んだ牛を生きた牛に食べさせて出来た肉を人間が食物として消費するなんて、いいことであるはずがないと、何となく思っていた。そこにこんな事件が起これば、彼らが、科学の見せかけの恩恵に不信感を抱き、反対運動を起こし始めたのも無理はない。

それから少し後、二〇〇二年に、口蹄疫[*8]の感染拡大のときには、我々は、イギリスじゅうで、あの恐ろしい光景、つまり、積まれた薪の中で炎に包まれ燃やされる数千頭の牛たちを見ることになる。その後、数週間にわたって、科学者たちは論争していた。本当にあれでよかったのか。牛たちに予防接種をするべきだったのではないか。一般の人々は次のような印象を持った。科学者たちは互いにいがみ合っていて、彼らの言うなりの無能な政府は、我々の畜産資源を無駄に破壊し、それによって生ずる食物連鎖へのリスクにも対処できないでいる。

そして、アメリカやヨーロッパで、もちろん、それ以外の国々でも、人々は次々に死んでいる。つまり、医療科学はずっと、我々を生きながらえさせることに失敗し、癌も含めた数千の死因の治療法を見つけられないでいる。私の家族の知人が最近亡くなった。壊死性筋膜炎[*9]と分かり、小さな手術をしたほんの数日後だった。死に至るまでに施された治療は、感染した肉の破裂性侵入の切除だけだった。もちろん我々は病気や手術から回復することもあるが、それはたいてい、身体が自力で治癒するのであり、時には治療によって他の人よりよくなることもあるが、それもたいてい、気の持ちようが身体に及ぼす神秘的な効果によるものである。そもそも、新しい治療が本当に効果を持つかどうかということすら、二重盲検試験[*10]によって「プラシーボ効果[*11]」を除去しなければ分からないのであり、その「プラシーボ効果」は心による神秘的効果なのである。新聞では、口を含めたあらゆる穴から人間に入れられる、ほとんどすべてのものに関して、健康効果や危険性がいつも議論されている。それらの議論は、ある類型にまとまることもなく、互いに矛盾すらしている。私が子供の頃は、他の子たちはほとんど当たり前のように扁桃腺を切除していたが、今はもうそんなことはない。そして、そんなことを言っている間にも次の変化が起こっている。二〇一二年四月二五日付のオンライン版『ワシントンポスト』に、ある医療学会のレポートが載っていた。

現在、……扁桃腺切除が流行していることが判明した。……アメリカでは、二〇〇六年だけでも、五〇〇万人以上の子供が扁桃腺を切除している。唯一の問題は、ほとんどの子供において、扁桃腺切除の効果があるかどうかが確かではないということだ。

医療の流行は、時代や場所によって大きく変わる。割礼[*12]がいい例である。割礼には科学的根拠があるのか、それとも、何らかの宗教や宗教的先入観に影響された流行なのか。宗教的先入観が割礼を推奨する場合もあれば、忌避する場合もある。我々には、自分自身の好きな処置を選択すること以外にできることはない。

次に、経済学という科学について考えてみよう。計量経済学のモデリングによるイギリスの経済指数の予測に信頼性がないことは、最高度の信頼性をもって示されている。一九九〇年代初頭にイギリスで、政府が、経済に関する助言を得るため、「七賢人」と呼ばれる〔計量経済学者の〕委員会を設置した。一九九三年三月七日付『インディペンデント』紙には次のように書かれている。

ノーマン・ラモント〔財務大臣〕に、経済に関する中立的なアドバイスを提供するため、財務省によって設置された「七賢人」委員会は、最初に公表した報告から二週間後には、傍から見るとただの口論になっていた。……

ティム・コンドン教授は、他の委員会のメンバーの学識に関して……辛辣な攻撃〔を開始した〕。攻撃された一人は、……その様子を「狂気じみていて、ほとんど誹謗中傷に近い」ものだったと評した。

それで結局、七人の中の誰が正しかったのだろうか。実は、誰も正しくなかったのだ。次の年のインフレ率と失業率を予測するため、予算つきで委託を受けて、最大限に精巧なコンピュータモデルを作製した彼らは、それぞれ、まったく実際とは違う数値をはじき出したのである。しかし、もちろん、グループ全体としては何かを予測できたはずだ。当然、経済学者の集まりは、その集まりを構成している個人よりも有能なはずではないだろうか。いや、そんなことすらなかったのだ。例えば、実際の生産高は、彼らが出した最も極端な予測値よりもさらに外れた値だった。[(1)] そして、これを執筆している現在（二〇一三年春）、我々は、ある金融危機[*13]の後遺症のなかにいる。政府や省庁が経済学者を雇い助言を仰いでいるにもかかわらず起こったその金融危機は、すべての人を驚愕させたのだが、一番驚いたのは経済学者たちだったのだ。

イギリスの中年層の人はみんな、BBCの人気天気予報士マイケル・フィッシュの、あの有名な言葉が大好きである。彼は、一九八三年の十月十五日午後九時三〇分に天気予報のなかで次のように言った。

今日、一人の女性が、BBCに電話をしてきて、ハリケーンがやってくると聞いたが大丈夫かと尋ねたそうです。もしこの放送を見ていらしたら、安心してください。ハリケーンは来ません。[(2)]

数時間後、時速一二〇マイル〔時速約一九〇キロ〕の風が吹き、十八人が死亡、一五〇〇万本の木が倒れることとなった。イギリスでは、一〇〇年に一度しか起こらないレベルの惨事だった。しかし、これは短期的天気予報の話だ。そもそも、短期的天気予報は一般的には結構当たるからこそ、この事例が有名になったのである。長期的な天気予報となると、通常は、ほぼ絶望的だと思われている。そもそも、長期的天気予報についてのまともな科学など存在しないのである。みんながそれを目指して頑張っているにもかかわらずに、である。右で、食品科学、獣医学、医学、経済学、天気予報の例をあげた。全面的に望みのない分野もあれば、部分的にしか望みのない分野もある。それでも、それらは、我々の日常生活に大きな影響を与える科学である。こうした事実に直面して、なお、科学はそれがかつて

（1）計量経済学のモデル製作者の分析については、Evans, 1999 を参照せよ。

（2）奇妙なことだが、最近の報告では、フィッシュは、このとき自分はイギリスのことではなくフロリダのことを話していたのだと言っているらしい——だとしたら、これを言っている彼が天気予報番組の中でイギリスの地図の前に立っているのは、おかしいことになる（<https://www.youtube.com/watch?v=uqs1YXfdtGE>—accessed 21 February 2013）。〔訳注：二〇一六年一〇月一五日時点で有効。インターネット上の参照については以下同様。〕

持っていた地位に値することをしていると言えるだろうか。

つまりこういうことである。何世紀もの間、哲学者や思想家たちの想像力のなかにあった科学の姿は、統計的な意味では、非常に稀な姿なのである——実際に動いているほとんどの科学はそのようなものではない。彼らが見ていたのは、英雄的科学である。ニュートン的科学は、惑星の軌道を予言し、既存の惑星の軌道の変則性から新しい惑星の存在までも予言した。アインシュタインは、ニュートン物理学でも説明できなかった水星の軌道の微妙なずれの理由を提示し、〔それに伴って予言された〕かつては想像もできなかった数多くの物理的効果は見事に確認された。量子論は、これまでで最も緻密な理論と言われる。それは、——例えば、量子もつれにおける瞬間的「コミュニケーション」のような——アインシュタインですら奇妙だと考えた、常識に反する結果を予言したが、結果的には正しかった。しかし、宇宙空間や亜原子空間[*14]における輝かしい成果はすべて、ほとんどのものののある場所とは違う場所で起こることである。宇宙空間も亜原子空間も、中身はほとんど空っぽなのである。(3) 当然のことながら、科学者たちは、自分たちの作品を宣伝したいときには、同業者のなした輝かしい作品を取り上げるし、哲学者たちが科学の問題を考察したいと思うときにも、驚異的な成功に目を向ける。破れた下着の科学的考察などについて、説明すべきことなど何もないのだ。しかし、統計的に考えて市民の出会う問題に関して言えば、そのほとんどすべては、よくても、さえない上着についてのことであり、悪くても、破れた下着についてのことなのである。そして、問題はそこにある。なぜなら、科学は雑然としたものや複雑なものにはうまく対応できないのだが、我々の世界は雑然としていて複雑なのである。

そして、実は、問題はさらに深刻だ。我々も知っているように、科学というのは、世間を馬鹿にしたような利権によってすぐに操作される。タバコ会社は、喫煙と肺癌の関連性は、多くの科学者が主張しているほど確かではないと反論させるために、科学者に金を払っていた。(4)/*15 この場合でも、表面上は、遺漏なき科学が遂行されているので、つまり、会

(3) 科学的知識の社会学(第一章を参照)によれば、こうした輝かしい成果にしても、みかけほど単純ではまったくないのだが、ここでは、その点は脇に置いておこう。

(4) Michaels, 2008. 考えようによっては、科学論、特に、科学論の第二の波(第一章を参照)が一九七〇年代に提示した科学理解は、科学論争を勃発させるのは容易であること、そして、そのことが大きな効果を

社に雇われた科学者の書いた報告が載ったジャーナルを読んでも何も間違いは見つからないので、そのプロジェクトの背後に隠れた動機は、「探偵業務」によってしか暴かれえない。タバコ産業におけるのと似たようなことが気候変動と石油産業の関連で起こっていたことも、明らかになっている。(5)/*16 もし、我らの科学が、お金という糸で科学者を操っている人形遣いによって支配されているのだとしたら、良識ある一般人の意見の方がまだましなのではないだろうか、ということになる。

クライメイトゲート事件〔気候研究ユニット・メール流出事件〕

二〇〇九年、クライメイトゲート事件の話題が世界中を席巻し、アメリカでは議会で調査がなされた。イースト・アングリア大学に、気候変動科学において重要な貢献をしている、気候研究ユニットと呼ばれる研究者グループがある。二〇〇九年の末、気候変動懐疑論に動かされたハッカーたちが、そのユニットでやり取りされたメールを盗み見て公開した。人々は、いきなり、科学者たちがオフレコの時にどのような会話をしているのかを知ってしまった。それは驚愕に値するもので、想定されている科学の姿とは似ても似つかぬものだった。新聞に論説を書いている高名な環境活動家のジョージ・モンビオットは次のように述べた。「もうこれが大したことではないふりをしてもしょうがない。ハッカーたちがイースト・アングリア大学の気候研究ユニットから盗み見たメールは、これ以上にないくらい破壊的なものだった。」二〇〇九年二月二日、アメリカの「エネルギー独立と地球温暖化下院特別委員会」[*17]で、共和党最高位議員のジム・センセンブレナーは、次の八つのメールを引用している。[(6)]

持つことを、タバコ会社や石油産業に教えてしまったという点で責任があるのかもしれない。科学論が提示した科学理解は、利害関係者に対して、科学の議論は決して決定的なものではなく、既に決着がついているように思われている論争を、もう一度蒸し返すことはいつでも可能であることを教え、どのようにしたらそうできるかという糸口も教えてくれる。

(5) Oreskes and Conway, 2010.

(6) 次を参照せよ。<http://republicans.globalwarming.sensenbrenner.house.gov/Press/PRArticle.aspx?NewsID= 2740>

ケビン・トレンバースより

現時点における温暖化の緩みについては、我々には説明できないというのが事実であり、説明できないということは滑稽な話だ。CERES〔環境に責任を持つ経済のための連合〕[*18]のデータを見ても、……さらに温暖化が進んでいなければいけないはずなのだ。しかし、あのデータはもちろん間違っている。我々の観測システムは不正確なのだ。

フィル・ジョーンズより

今、マイクのネイチャー〔で使った〕トリックを使って、過去二〇年（つまり、一九八一年以降）のそれぞれの系列について、さらに、キースの出した系列は一九六一年以降について、実際の気温に上乗せし、気温下降を隠したところだ。

アンドリュー・マニングスより

現在、シーメンス社を説得して、イギリスにおけるCO2計測をするためのお金を出してくれるようにお願いしています。多分、大丈夫だと思います。だから、一番避けたいのは、気温上昇が観測されていることを（再び）疑問視することに対して人々の注意を喚起するようなニュース記事が出ることです。このことを扱わないように論争することができると私は思っていましたが、例の懐疑論者たちは、本当に、頑固でしぶとい！

キース・ブリファより

私は、ＩＰＣＣ〔気候変動に関する政府間パネル〕[*19]の要求と科学の要求を調整するのに努力しました。二つの要求はいつも同じというわけではないのです。この論点と不確実性についての報告を私が出そうとしたことで、私があなたの研究をしっかり支持していないような印象をあなたに与えていないか心配でした。

フィル・ジョーンズより

ＣＲＵ〔気候研究ユニット〕の基地の気温データを公開するかどうかで、二人と口論になりました。あなたたち三人は、くれぐれも、イギリスには情報公開法があるなどということを言わないようにお願いします。

マイケル・マンより

〔我々が〕懐疑論者たちに対して、彼らは「査読付きの論文」を公刊していないと批判してばかりだったから危険になったのです。当然、彼らも対策を見つけて、ジャーナルを乗っ取ったわけです。さて、こうなったらどうしましょうか。私が思うに、あの『気候研究 *Climate Research*』を正当な査読付きジャーナルとみなすのをやめるべきです。気候研究分野の同僚たちに対し、もうあのジャーナルには投稿しないように、そして、あのジャーナルからの引用もしないように働きかけるべきでしょう。さらに、最近編集委員になった、より物分かりのいい我々の同僚に対し、何を伝え、何を要請するかについても考えるべきでしょう。

フィル・ジョーンズより

どちらかといえば、むしろ、私は、気候変動が起こるのを見たいのだ。そうなれば、科学が正しかったことが証明されるだろうから。もちろん、その結果どうなるかは別の問題だが。このことを政治的だというのは間違いで、ただ、自分勝手なだけである。

どうやら、科学者たちは帳尻を合わせるごまかしをしているらしい。ここで出したような忌まわしいメールは次々と出てきた。分かったことは、科学者たちは、あらゆる可能な手段を尽くして、懐疑論者たちに対して自分たちのデータを隠していたということだった。科学者たちが一所懸命になっているのは、科学的論争というよりも政治的論争に近いもののように見える。気候変動に関する科学者の意見表明においては、誠実さと公開性という科学の理念は、勝利という目的に身を屈してしまったようにも思われた。クライメイトゲート事件は簡単には終わらなかった。人々からの追及は後を絶たず、事件の意味についてはいまだに議論が続いている。[*20]

こうして、科学は栄光から転落し、今や、市民から選ばれた有名人や運動家が技術について自分たちの議論を提示し、その議論は科学者たちの議論と競合することも可能になっている。さらに、一般市民は、気候変動に関しては、自分たちが屋外に出てみて分かることと、博士や大学教授が教えることは、大差ないと思うに至っている。我々みんなが科学の専門家なのか、という問いがあるとしたら、その流れを作ったきっかけはクライメイトゲート事件だったのである。テレビやインターネットが、かつて隠されていた場所を公共の目に晒してきた結果、科学の内部で起きていることに市民の目が届くようになった。古き良き科学のイメージは、この試練を生き抜くことはできないだろう。そして、偶像が倒されるときに常にそうであるように、そこには反動勢力もある。

まとめると、二〇世紀の中盤から、科学は、かつての頂点の位置から滑り落ち続けていて、市民の科学に対する考え方も変化している。もう、市民は、科学技術に関して、物怖じしなくなっている。科学者はすでに遠い存在ではない。かつて科学者は、山の上から啓示をもたらすものだった。テレビでも科学は我々を超えたものとして扱われていた。番組司会者は、難解な専門用語を見て、半笑いで、こんなことは常人の理解の及ぶものではないと述べ、そこでは科学者が、どんなことでも断言する権限を与えられていた。テレビ画面は科学を茶の間に届けてはいたが、新しい聖なる偶像として届けていただけだった。しかし、クライメイトゲート事件から分かったように、科学者も茶の間では一般の人なのである。インターネットでは、あらゆる人が、例えば、ワクチンの安全性のような話題についての議論に参加できる。良識ある一般人とその子供の経験が、ノーベル賞を受賞した研究の成果とともに立派にそこで立ち回っている。というのも、ノーベル賞を受賞した研究にしても、あなたや私と同じ人間によってなされたものだからである。

このような権威の移行の感覚——つまり、科学技術というゲームにおいて、我々と公式プレイヤーとの間に何も差がないのだから、すべての市民がゲームに参加していいのだという感覚——を表現するためには新しい用語が必要である。この権威の移行の感覚を、「デフォルト専門知」と呼ぶことにしよう。デフォルト専門知とは、科学技術がこれほど間違っているのだからという理由で、一般の市民が持っていると感じている専門知、あるいは、判断する権利のことである。もし専門家が、本当は特別な専門知など持っていないのだとしたら——もし「王様は裸だ」としたら——、確かに、「我々みんなが科学の専門家である」ことになる。つまり、ある人がデフォルト専門知を持っているということの意味は、専門家などどこにもいないのだから、その人は専門家と同じだということである。

一般の市民が本当に科学者や技術者と同じ、あるいはそれに勝る、科学技術的判断を下すことができるか否かは、非常に重要な問題である。その問題は、科学に対して、我々の技術との付き合い方に対して、そして、我々の生活の未来に対して、大きく関わってくる。ひょっとしたら、一般の人々が天気について感じていることは、数千年にわたる地球の気候で起こっていることについてよい指標となるのかもしれないし、まったく指標にならないのかもしれない。また、ひょっとしたら、子供のワクチン接種に関しては、一般市民の方が、科学的証拠の重要性を適切に評価できるのかもしれないし、そうではないのかもしれない。これから我々は、専門家と一般市民の双方が持っている技能や能力——専門知——について詳細に検討し、どんなときに一方が他方を利することになるのか、そして、どんなときにそれが危険な幻想となるのかをはっきりさせてみたい。つまり、我々は、誰が専門家なのかという論点を巡る専門家間の論争に注目するのである。

第一章――世界が感じていることと学者たち

我々が晒されてきた科学技術的出来事の流れは結果的に失敗だったと言わねばならないのはなぜか。我々は、テレビやインターネットにおいて、科学技術の成功も見ている。そこでは、有名な科学者たちが自分の持ち物を誇らしげに披露している。年老いたカール・セーガン[*21]は、宇宙船のデッキから星を見つめているし、かつて人気ミュージシャンで後に物理学教授になったブライアン・コックス[*22]は、宇宙空間で子供のように驚いている。我々は、ニール・アームストロング[*23]が月面を歩くのを見たし、宇宙へのロケット打ち上げが実際にうまくいっているからこそ、衛星放送だって見られるのである。今では、飛行機に乗る危険性よりも、飛行場まで車で行く危険性の方が大きいくらいだ。私が、ワクチン接種反対プロパガンダの欺瞞を調べるために使っているインターネットだって、科学者によって作られたものだ。天然痘は撲滅されたし、ポリオもほとんど撲滅されている。私の歯と私の父や祖父の歯を比べてみれば〔事態はよくなっていることは〕すぐに分かる。つまり、ＺＥＴＡの失敗や、コメット号旅客機の墜落や、「コロンビア号」事故、[*24] 狂牛病、扁桃腺切除、身体に対する心の優位、医療の流行、壊死性筋膜炎の治療不可能性などの失敗を差し引いても、全体的には科学は成功だったと総括することもできるはずなのだ。科学のもたらす利益と損害のバランスシートを考えれば、そのほうが妥当なのかもしれない。それなのに、なぜ、我々は、科学について、結局は成功だったとは言わないで、結局は失敗だったと言うのか。

　公衆の想像力が、ことの経過をどのように総括するかは、科学技術に対する我々の包括的な態度――それは、その時代の世界観とか精神とかに関係している――によって決まる。その包括的な態度を「時代精神 zeitgeist」と呼ぶこともできるだろう。科学の目に見える失敗や成功がレンガだとしたら、時代精神は、そのレンガを一つの構造に組み立てるための漆喰のようなものである。科学の成功や驚異的な英雄科学者だけに目を向ければ、ある建物が得られる。それは科学という王宮である。そして、失敗だけに目を向ければ、そこにできるのは、掘っ立て小屋である。二〇世紀後半に生きたすべての人は、他のものの変化とともに、科学に関する時代精神も変化するのを見てきた。

すべては、一九六〇年代に、紳士的な中折れソフト帽と思慮深いスカート丈への反抗から始まった。つまり、社会階層という長い伝統によって守られてきた規制に異議が唱えられたのである。そのとき、科学も、人々の心をつかむ力を失い始めた。広告代理店やマスコミ界の大御所やファシスト独裁者でもない限り、時代精神がどのように作用するかは、誰にも分からない。もちろん、私にも分からない。我々にできるのは、起こった出来事を指標として調べることだけである。その際、学者というのは、よい指標となる。学術界でされている議論は、社会全体において起こっていることを反映している場合が多い。さらに、学者たちは、彼らが社会から汲み取ったものを啓蒙的な書物や大手の新聞やテレビの中にフィードバックすることによって、人々の世界観を強化していく。私は、一九六〇年代と七〇年代に学者として活動していたが、当時、私自身も同僚たちも、新しい生き方を大いに吸収し謳歌していた。「六〇年代」は、一般の人々に対してと同様に、学者たちに対しても、いろんな形の冒険的な思考を許してくれた。私はその時代の自由な感覚をよく覚えている。例えば、一九七二年においては、LSDなどのドラッグの影響下での特異な発見のみに適用される「状態特化的科学」なるものが必要か否かを議論する論文が、『サイエンス*Science*』という権威ある雑誌に掲載されていても、それほどおかしいこととは考えられなかった。(7) 私はここで、何か仮説と検証に基づいたしっかりした理論を提示しようとは考えていない。ここで言いたいのは、学者たちの議論は、その時代における時代精神の指標となりうるもので、また逆に、少なくとも何らかのものを時代精神に対しフィードバックしてもいるということだ。

その時代の精神について学者たちがする考察や、学者たちによる時代精神の強化は、それが重要なものであろうがなかろうが、常に多くのことを語っている。一九六〇年代以降、ある学者グループが、科学が特別なものではないと示すことによって、すべての人をデフォルト専門家に変えようと企図し、効果をあげてきた。意図しないでそれをする者もいれば、明確なプロジェクトとしてする者もいた。そうした学者たちは、社会科学や人文学の領域からやってきて、自然科学について考察したり研究したり、ものを書いたりして活動している。そのような仕事は、二〇世紀中盤くらいから、——「科学論 science studies」と呼ばれる——一つの流行を作り出した。私自身は、一九七〇年代初頭に業績を出しはじめ、現在でもその分野で働いている。つまり、その分野の創始者の一人で、ベテラン研究者である。したがって、私には科学論について内部からの報告ができることになる。

科学論は、すでにある程度確立していた分野がいくつか結合することによって生まれた。科学史と科学哲学と、——それらに比べると新参者であるが——私の専門分野、科学社会学である。あらゆる学問分野に言えることだが、この分野の歴史も、非常に複雑で、何か包括的なことを述べるためには細部を省かざるをえない。それを認めたうえで、私として

（7）Tart, C. T., 1972. 'States of Consciousness and State-Specific Sciences', *Science* 176: 1203–10. ポール・フォアマンによる一九七一年の論文〔Forman, 1971〕では、不確実性によって支配されていたワイマール期ドイツの時代精神が、量子力学を生み出したのは自然なことだったと論じられていた。そのようなかたちで時代精神が物理学に現実に影響を与えうるかは疑問だが、可能性としてはとても面白い話である。もちろん、物理学者よりは、社会科学者や哲学者の思想の方が、ずっと時代精神からの影響を受けやすいだろう。

は、科学論、あるいは、科学技術論 science and technology studies と呼ばれることもある、この分野の歴史を、三つの「波」に分けることで大雑把に描いてみたい。これは、ポアンカレがアインシュタインよりも先にアインシュタイン的な考えを持っていたこととか、現在でも我々にとって物理学のほとんどはニュートン物理学である、などといった細かいことを気にせずに、「相対論的物理学がニュートン物理学を凌駕した」と語るようなものである。私としては、科学論の世界で生きている学者たちの多くが、自分たちがあるグループの「単なる」一員だなどと分類されることに強く反対するだろうことや、彼らが私の語る単純な描像は間違っていると躍起になって指摘してくるだろうことを、嫌になるほど分かっている。しかし、外部の人たちやこの新分野を初めて知る人たちにとっては、この分野で世代ごとに変化してきた解釈原則——つまり、「パラダイム」——を知っておく必要があるだろう。それに、この分野を新しく研究しようとする学生たちも、この三つの波のモデルを入門とすれば、研究者としてこの先遭遇する、より詳細な描像へと進んでいくことができるだろう。

もし、ナチスが、一九四五年以前に原子爆弾を作っていたら、彼らが戦争に勝利し、我々はまったく今とは違う世界に生きることになっていただろう。そして、一九五〇年代には、すべての人がその意味を理解していた。一九五〇年代に、レーダー、ペニシリン、ナイロンなどが登場し、そこでは、知識生産の方法としての科学の優位性は疑いえないものだった。そのような状況の中で、科学史や科学哲学や科学社会学の仕事ははっきりしていた。どうやって科学的奇跡が起こるのかを説明することだ。科学的知識はどのような特別性を持っているのか。科学をうまく育てていくにはどのようにしたらいいのか。科学史は、科学の英雄だけを調べ、科学の失敗については無視した。科学哲学は、いかにして科学が確実性に到達するか説明するため、典型的な問題として、観察と理論の関係性を扱った。よく知られた具体例を使って問題を述べれば、白い白鳥をいくら集めても、次の白鳥が白くない可能性があるので、「すべての白鳥は白い」ことを証明できないという問題である。一つの可能な解決法は、白くない白鳥を一羽でも観察すれば、「すべての白鳥は白いわけではない」ことは証明できるため、そのような経験〔による理論の反証〕ならば科学的発見とすることができるというものだった。[*25] その後、事態は複雑化したが、基本的発想は、科学の成功の謎を解明するということであり、科学の成功に疑問を呈することではなかった――そもそもパラダイムとはそういうものである。重要なポイントは、科学的知識の真偽は、確固とした世界のあり方によってテストできるということであり、唯一の問題は、そのテストがどのようにして可能になるのかということだった。その頃の科学社会学は、科学者たちが首尾よく仕事をするために、そして、理論のテストをバイアスや外的影響から守るために、科学者コミュニティーはどのように組織化されるべきで、どのような価値観を持つべきかといったことを調べていた。[*26] 科学者コミュニティーが持つべき価値観を育むのは民主主義であると言われ、だからこそ、ファシスト独裁制ではなく、我々の側〔つまり、連合国側〕が科学を味方につけることができて、戦争にも勝ったのだと言われた。この種の研究は、研究自体の持つ独自の勢いに駆り立てられて、だんだんと複雑化し、多くの、難解で極度に理屈っぽい議論によって論じられるようになっていったが、科学が支配的であるということ自体が問題とされることはなく、いずれにせよ、我々の科学的見解はいいものであり、その理由は、それが実在によってテスト可能だからだ、という考え方そのものが問題とされることはなかった。これが、科学論の「第一の波」である。

そして、一九六〇年代がやってきた。そのとき、いきなり、我々はあらゆる権威に異議を唱えられるようになった。『科学革命の構造』〔Kuhn, 1962〕というタイトルの一冊の小さな本が、一九六二年に出版された。二〇世紀において最も多く読まれた学術書と言われる本であり、その著者の名は、トマス・クーンといった。今では、その本に書かれていたことのほとんどは、すでに別の、あまり有名でない本、つまり、一九三五年にドイツ語で出版された『科学的事実の発生と展開』〔Fleck, 1979〕の中で予描されていたことを我々は知っている。その著者は、ルドヴィック・フレックという。しかし、話を簡単にするために、ここではクーンを軸に論じることにする。

　クーンは、まず、科学の教科書によく掲載されている簡略化された小史に注目した。例えば、物理の教科書には、相対性理論を説明するさいに、有名なマイケルソン＝モーリーの実験についての小史が載っている。一八八七年に行われたその実験は、光の速度が一定であるという結果を出したが、その実験結果の意味は、一九〇五年にアインシュタインと相対性理論が登場するまでは誰にも理解できなかった。この話は、歴史的展開の事実の説明というよりは、神話に近いものである。例えば、マイケルソンとモーリーは、光速度が一定であることを証明したと言いうるような完成度の実験はしていない——彼らは、地球の公転速度を測るために実験を行い、自分たちの実験では結果が出せないと考えて、その実験を諦めただけである。そして、マイケルソン＝モーリーの実験の結果の正当性については、一九三〇年代まで論争が続いていた。さらに、マイケルソン＝モーリーの実験は、アインシュタインの考えにほとんど何の影響も与えていない。(8) つまり、教科書の冒頭に載っている簡略化された歴史は、真面目な歴史というよりは、ちょっとしたおとぎ話なのである。それでも、そのおとぎ話は、科学の教育のためには有効な方法である。そうしたおとぎ話は、政策立案者たちが、科学は実際にこれほど単純なのだと信じるきっかけにさえならなければ、科学者たちにとっては無害である。*27 いや現実には、大したことではないが、次のような小さな弊害もある。つまり、科学者が博士課程やそれに相当する高いレベルまで研究を続けていくと、そこでの物事が、自分が習ってきたこととは違って単純ではないことに気付き、自分たちの仕事が実際には、非常に乱雑な世界を秩序付ける――まるで、風船を紐でくくって小包に梱包するような――作業であると知り、かなりのショックを受けることになる。もちろん、科学論の簡略化された歴史を、まさにここで語っている私自身も同じような弊害を生み出しているわけであるが、この簡略化された歴史は、それほど大きな害をもたらすことにはならないだろう。

クーンの書いた小さな一冊の素晴らしい本は、科学の歴史家、哲学者、社会学者たちの考え方に、最大級のインパクトを与え、科学論の第一の波は、第二の波と呼ばれるものへと変化した。フレックの本には書かれていなかったクーンのテーゼの一つは、特に大きな影響を与えるものだった。「科学革命」という考え方である。クーンは、ある新しい考え方が登場すると、それが、科学者と世界との相互作用のあり方に対して革命的な影響を及ぼすと述べた。アインシュタインの相対性理論の考え方が一例である。相対性理論以前において、科学者は、ある特定の仕方で世界について考えていた。つまり、そこでは、質量とエネルギーは不変であり、物が運動する速度に上限はなかった。相対性理論の後は、質量とエネルギーは相互変換可能となり、最も特筆すべきこととして、光の速度が速度の絶対的な上限となった。クーンの主張によれば、これは、相対性理論革命が起こったとき、

(8) マイケルソン＝モーリーの実験も含んだ、本書で論じられる科学上の事例についての分かりやすい説明としては、Collins and Pinch, 1993/1998 を参照せよ。

科学者たちの行為の仕方——例えば、科学者たちの実験のやり方や実験から導き出される結論——も変化したということを意味している。つまり、科学者たちにとって、世界の構成要素そのものが変化したのである。[*28]（ややこしいことを好む人のために、少し事態を複雑にしておくと、実は、この科学革命のアイデア自体は、ピーター・ウィンチが、一九五八年公刊の『社会科学の理念』〔Winch, 1958〕において、つまり、クーンの『科学革命の構造』の四年前に、すでに予示している。さらに、ウィンチの考えは、哲学者ヴィトゲンシュタインからヒントを得たもので、ヴィトゲンシュタインのアイデアの本質は、一九五三年に公刊されている。）

クーン自身は、それほど革命的な野心を心に抱いていたわけではなかった——彼自身は、ただ科学史に面白い観点を導入しようと思っただけだった——が、あるアイデアが、そのアイデアを出した本人の意図していたのとは違う仕方で取り上げられるというのはよくあることだ。新しいアイデアを使いたい人たちは、単純化された分かりやすい形の提示を欲しており、オリジナルな議論の微妙な点は省略されがちである。学者は、しばしば、ある種のジャーナリズムに——つまり、他人の業績を使うときに詳細を省いて見出しだけを取り上げる行為に――走ることがある。オリジナルの複雑さは、その源から離れていくに従ってなくなっていき、ことは単純になっていく。このような過程をうまく表現し、他の関連する過程にも適用できるよい慣用句がある。「遠望が景色を美化する」[*29]である。

発案者は、自分のアイデアが乱雑に使われるのを嫌うのが常である――もちろん、クーンもそうだった。しかし残念ながら、これから見るように、いったん壺から飛び出してしまった妖精はもとには戻らない。そして、クーンの（あるいは、フレックやウィンチやヴィトゲンシュタイン等々の）生み出した妖精の、孫の孫の孫くらいにあたるのが、科学は特別なものではない――科学という王様は、裸ではないとしても、下着くらいしか着ていない――という学問的考えだった。

クーンの科学革命の考えがもたらす重要なポイントは次のことである。もし、科学革命の経過の中で、科学者が世界について考える仕方が変わり、それによって、世界が変化するとしたら、そのとき、世界は固定した基準ではなくなってしまう。世界は、もはや、すべての理論形成の基盤ではないのである。もし、科学者が異なった考え方で世界を考えたときに、世界そのものが変化するならば、何が真とみなされるかが、科学者の生きる場所や時代によって変わるだけでなく、何が真であるかも、科学者の生きる場所や時代によって変わることになる。つまり、ある時代にある場所に生きている科学者は、ある世界に生きていて、別の時代に別の場所に生きている科学者は、別の世界に生きていることになる。唯一の世界が論争を終結させることはもうできない。なぜなら、世界は、ある場所ではあるもので、別の場所では別のものだからである。実在という基盤は、――サルバドール・ダリの描いた時計のように――液状化してしまい、そうなると、科学は、いきなり、宗教や芸術といった、二〇世紀中盤において低級とされていた種類の知識と大差ないものになってしまう。というのも、そうした知識が低級とされていたのは、科学と違って知識の真理性を形成するための基盤を持っていないことが理由だったからである。

二〇世紀の前半に「知識社会学」と言われる分野はすでに確立していて、そこでは、人々がある信念にいかにして至るかが問題とされていた。例えば、南アイルランドで生まれた子供が、カトリック教徒に育ち、ミサにおいてワインが血になったと信じ、そう信じられているのは本当にワインが血になったことがあるからだと信じるようになる可能性が圧倒的に高いことは容易に分かる。そして、北アイルランドに生まれた子供が、プロテスタントに育ち、ミサにおいてワインは血を象徴しているだけで、ワインは血に変わってはいないと信じ、そう信じられているのは現実にはワインから血への変成など起こっていないからだと信じるようになる可能性が高いことも容易に分かる。そして、南アイルランドで生まれ育った子供も北アイルランドで生まれ育った子供も、自分たちが命を懸けて守っている考えが、単なる出生地という偶然によって自分にもたらされたものだなどとは決して思わない。しかし、知識社会学は、それはおそらく偶然によるものだと指摘する。

知識社会学というのは、目が回りそうな分野である。知識社会学は、人に、すべての信念を疑うように指示し、ほとんどすべての信念は、その信念がこれまでどれだけ確からしく見えていたとしても、真正な理性的考察によるものではなく、先ほど示したような偶然の産物であることを示す。それでも、二〇世紀の中盤までは、人は、その不確実性の大渦巻きの及ばない静かな島、つまり、数学と科学に逃げ込んで休憩することができた。科学と数学という島は、実在という強い岩盤を持っていたために、知識社会学という渦巻きからの影響を防ぐことができた。ここまでくれば、もう分かるだろう。科学革命という考えが、どれだけ大きな問題を引き起こしたかが。数学と科学という島は、もう、岩盤の上に固定されておらず、かつて、あれだけ不確実だとみなされていた他の種類の信念と同様に、知識の大海に浮遊していることになったのである。ここでの簡略化された歴史における語り方で言えば、基盤の液状化、つまり、科学の基礎の緩みが、知識社会学が最後の砦に侵攻するための入り口を開いたのである。一九七〇年代の前半に、「科学的知識の社会学 sociology of *scientific* knowledge」と呼ばれる新領域が勃興し始めた。頭文字をとって「SSK」と呼ばれるようになったその分野が、科学論の「第二の波」の中心をなすものである。

一九七〇年代の前半には、「対称性の原理」が提唱された[9]。これが意味するのは、真なる科学的事実や科学的発見とみなされているものについての社会的説明も、偽なる科学的事実や科学的発見を説明するときと同じようにされねばならないということだ――カトリックとプロテスタントの信念が双方とも社会的に説明されるべきであるのと同じである。もちろん、この原理は、知識社会学を科学に適用することによって登場するものである。それ以前においては、哲学の主流では、偽なる事実や発見については社会学的に説明されるべきであるが、真なる事実や発見については、それが受け入れられた理由は、その真理性だけで十分とされていた。つまり、真なる科学の社会学などは存在しえなかった。簡単に言えば、「間違いについての社会学」はありうるが、真理についての社会学などはありえなかったのである。SSKが、何らかの哲学的考えを抹殺したとすれば、それは、そのような考え方を抹殺したのである。これからは、科学も宗教や芸術と同じように扱わなければいけない。例えば、南アイルランドのカトリック教徒は、実際にワインが血になったから、ワインは血になると信じている——だから、この真なる信念に社会学は適用できない——とする一方で、北アイルランドのプロテスタント教徒がワインは血を象徴しているだけだと信じているのは、彼らが偶然そのようなことが間違って信じられている社会に生まれ育ったからだ、というような議論をするのは社会学的には恥ずべきことである。宗教的知識の社会学においては、そのような「非対称的な」説明をしていたら、一年で大学を追い出されることになるだろう。しかし、これまでは、科学的知識を説明しようとする場合には、この種の非対称的な議論が、まったく問題とされてこなかったのである。[*30] これ以

(9) Bloor, 1973. ブルアは、明示的にヴィトゲンシュタインに依拠しており、ということはおそらく、潜在的に当時の時代の雰囲気に依拠している。

降は、宗教的知識に対してと同様、科学的知識に対してなされる非対称的な説明も恥ずべきこととなったのである。[*31]

クーンの（あるいは、ウィンチやフレックやヴィトゲンシュタインの）アイデアに触発された経験的研究も同時に始まった。例えば、私自身は、科学者たちがどのように実験を再現したり発見を確認したりするかを調べた。(10) 私だけでなく他の多くの研究者たちも考えていたことだが、他人の実験の再現実験というのは、理論と世界の関係性の鍵となるものだった。クーンの科学革命の話にしても、対称性の原理にしても、もし科学者たちが、「我々には何が真で何が偽であるかが分かっている。なぜなら、正しい実験や観察は誰でも再現できるが、間違った発見は再現できず、間違った観察は他の人によってなされえないからだ」と言い張ることができたなら、それほど大した意味を持つものではなかっただろう。そうなれば、科学という島は、やはりまだ海底につながれていて、事実という基盤は、これまでと同様に確固としたものであり続けていただろう。

しかし、実験や観察というのは、そんなに簡単ではないのである。初めて高校生が顕微鏡で池の水を見ると、そこで彼らが見るのは、ただの乱雑な模様である。何が見えているかを示されてはじめて、彼らには藻類や原生生物が見えるようになる。そして、初めて高校生が教室で実験をするとき、ほとんどの場合、彼らは、どのようにしたら正しい結果が得られるかをしっかり教えてもらわない限り、実験に失敗する。実験室のプロの科学者でもまったく同じである。事後的な実験の記述を読むのは簡単であるが、実際に同じ実験を成功させるのは、本当に難しい――成功のために重要なのは、操作の熟練と、ほとんどの場合、運である。

私が示したところによれば、ある新しいレーザー――TEAレーザー――を作製しようとする科学者たちは、作製に成功した科学者のグループの中で経験を積まない限り、常に失敗していた。そのレーザーの作製のためにはこつを掴む必要があったが、そのこつがどのようなものであるかは、どのグループも完全には理解していなかった。このような見えないこつは、「暗黙知」[*32]と呼ばれる。我々が知っているが言明できない知ということである。もし、TEAレーザーの作製者たちが、――彼らは、赤外線の強烈な光線を発する装

(10) Collins, 1974, 1975, 1985/1992.

置という、比較的頑健な装置[33]を作製するのであるが――公開された論文や電子回路に従ったただけでは装置作製に成功できないとしたら、まったく新しい非常に複雑な装置を使って、微妙で僅かな効果の存在を確認することは、どれだけ難しいことだろうか。

一九六〇年代から七〇年代に変わる頃、まさに、微妙で複雑な装置を使って、驚異的に弱い「重力波」――アインシュタインによれば、星が衝突したり爆発したりしたときに放射される波――が検出されたという報告がなされた。その主張を確認しようとする研究者もいれば、反駁しようとする研究者もいて、私はそれら関係する人たちすべてにインタビューをした。そこで分かったことは、あるグループが、自分たちがやってみたら重力波は検出できなかったと述べると、発見者は、そのグループは装置をきちんと作っていなかったとか、実験のやり方が雑でずさんであったというように反応するということだった。そして、重力波を見つけられない研究者たちの方は、問題は検出を主張した側にあると述べた。ずさんな実験や分析によってミスをしているのは「発見者」の方だということである。ほとんどの他の装置の製作と同様に、科学的装置の製作にも――我々がTEAレーザーの場合で見たように――暗黙知が大きく関わっているので、この論争でどちらが正しいのかを決めることはとても難しい。それでも、ＴＥＡレーザーの場合では、ある人が装置の製作に成功したかどうかは、赤外線光線がそこにあるか否かを調べれば分かった。うまく機能するＴＥＡレーザー装置は赤外線光線を放射しなければならないということは、すべての人が認めることだったからだ。しかし、重力波検出器の場合、それがなにを「生み出す」べきものかということ自体がはっきりしていない。重力波は、そもそも我々に検出できるほどの強度を持っていないのではないかという考えもあったので、装置がそれを検出したかどうかによって、その装置がうまく機能しているかどうかを判定することはできないのである。首尾よく重力波を検出した検出器は、確かに重力波を検出したのだと言う科学者もいれば、現在の精度では、重力波が検出されるはずはないと言う科学者もいた(11)。このように、ある人が、自分が正しい実験装置を作り、操作も適切だったことを、その装置の動き具合によって証明するためには、その装置でどのような結果が出るべきか〔つま

(11) 重力波の検出は、当時の何百万倍もの精度を持つ装置を使って、いまでも続いているが、装置は、初期の検出器のときと同じような不確実性を今でも呈している。(例えば、二〇一三年の拙著『重力の幽霊とビッグドッグ』Collins, 2013a を参照せよ。)

り、どの理論的予測が正しいか〕が分かっていなくてはならない。しかし、その装置でどのような結果が出るべきか〔つまり、どの理論的予測が正しいか〕を知るためには、正しい実験装置を作りそれを適切に操作しなくてはならない。しかし、……。このように循環は続く。私は、この循環を「実験者の悪循環 experimenter's regress」と名付けた。[*34]

科学ではよくあることだが（例えば、常温核融合の事例もそうだった）[*35]、先のような場合において何が起こったのかというと、実験者たちが二つのグループに分かれ、一つのグループは、自分たちがある現象を検出し、検出できない別のグループは無能だと信じており、もう一つのグループは、自分たちは検出できるような現象はないことを証明したと考え、検出した別のグループを無能だと信じている。最終的な結論は――つまり、科学者の多数派がどちらを支持するようになるのかは――、様々な「非科学的」理由によって、つまり、誰が実験者として最もいい評判を持っているのか、とか、その現象が観察されるべきか否かに関して科学者たちがどのような先入観を持っているかといったことによって決まる。科学的事実は、実在という基盤の上で作られているのではなく、普通の社会的プロセスの中で、つまり、我々がある政党を支持するようになったり、ある芸術様式を好むよ

うになったりするのと同じプロセスの中で、形成されるのである。(12)

科学論争がとても長期にわたるのはこのことが原因である。極端な例であるが、大学に所属する真面目な科学者たちのグループで、一〇〇年以上にわたって、超常現象――超感覚的な知覚や念力など――の研究を続けている小さなグループが現在でもある。彼らは科学的手法を使い、結果は、最新の統計的分析がなされ、他の科学ジャーナルと同じような認知度と審査基準を持ったジャーナルで公開されるのだが、それでも、大多数の科学者たちは彼らとその業績を軽蔑している。仮に、クーンがもう少し超心理学に寛容だったとしたら、彼ならばこう言っていただろう。ここには二つの科学の「パラダイム」があり、それぞれのパラダイムに従って活動する二つの科学者グループがあり、見たところでは彼らは、

(12) 私の業績においては、科学的結果は単なる流行の産物であるということまでは示されていない。示されているのは、短期的な意味で、深刻な科学論争において、科学的方法――つまり、理論と実験――だけを使って明快な結論を出すことは難しいということである。科学的信念が、長期的な意味で、何によって動かされているかは分からない。言えるのは、科学論争の初期においては、かつて思われていたより科学的要素は少なく、「政治的」要素が多いということと、ほとんどの科学論争が、少なくとも隠れた形態では、一〇〇年以上続くのは当然であるということだ。

何十年にもわたって、それぞれ別々の世界で生きている。

心理学と超心理学に関しては何か特別におかしなことが起きていると考える人もいるかもしれない。しかし、我々の知る限り、似たようなことは物理学でも起きている。最近では、物理学の新しい業績は、まずは、「arXiv」〔アーカイブ〕と言われる電子版先行公開サーバーによって広く周知されていく——紙のジャーナルでは、現役の物理学者が最新の研究を追うためには遅すぎるのである。しかし、arXivは、その創設以来ずっと、審査基準を巡って問題を起こしている。管理者は、いつも、arXivで自分の論文の公開が拒否されるのは不公平だと考える科学者たちと戦っていて、時には訴訟にまで至る場合もある。そして、強調しておきたいことだが、そうした問題を起こす投稿者は、決して素人学者などではない——博士号を持ち、たくさんの業績を自分の名前で出している、ほとんどは大学教授の職についている、科学者である。ただ、彼らの理論や発見は、同僚のほとんどが信じていることと合致していないのである。このため、arXivの管理者は、そうした論文を押し込んでおくための特別カテゴリーを作った。事情通なら、arXivで「一般物理general physics」というカテゴリーの論文は、他のカテゴリーの論文と比べて、あまり深刻に受け取ってはいけないということをみんな知っている。異端派の物理学者たちも、自分たちが不公平に扱われていることは十分に分かっていて、自分たち独自のジャーナルを設立している。そうしたジャーナルの一つである『プログレス・イン・フィジックス *Progress in Physics*』に載っていた、ある論文について主流派の物理学者の一人に尋ねたところ、彼は私に、その論文は堅実に書かれた信頼できるものだと伝えてきた。彼によれば、

これはプロフェッショナルの仕事だ……。文章はとてもよいし、ほとんどの方程式も説明されているし、図もはっきりしている。これを書いた人は、科学論文の書き方をよく分かっている。[*36]

しかし、次に示すのは、そのジャーナルの二〇〇九年版の編集綱領からの抜粋である。

学問の自由（科学的人権）の宣言

第八条：科学的成果を公刊する自由（より抜粋）

科学論文に対する忌むべき検閲が、今や、主要なジャーナルや電子アーカイブの編集委員会、そして、彼らの設定する自称専門家査読者の集団の標準的行為となっている。査読者は、かなりの程度において、匿名性によって守られていて、論文執筆者が、査読者が持っているとされる専門性について検証できないようになっている。昨今において、論文執筆者が流行っている理論や主流派の権威に異議を唱えていたり否定したりしているという理由で、論文が査読を通らないというのは、当たり前である。昨今では、編集者や査読者や専門的検閲者の気に入らない特定の科学者のリストがあり、多くの論文は、執筆者がそのリストに載っているというだけで、論文の内容がどのようなものであるかとは関係なく、自動的に却下されている。つまり、反主流派の科学者のブラックリストが存在し、関係する編集委員会の間で流通しているのである。

つまり、科学は――物理学ですら――、思考と発見からなる一つの統一体ではないのだ。最もハードな科学においてすら、宗教の異端派閥のようなものがある。科学論の第一の波のもとで、こうした異端派閥のすべてをまともに捉えていたとしたら、事態は混乱していただろう。だから、異端派の主張をまともに捉える代わりに、かなり多くの論文において、自分勝手に「変人」という呼び方を使いこなし、嘲笑というやり方で問題を解決することがあったし、今でもある。ジャーナル全体としてそのようなことをしている場合すらあった。これは本当にお粗末なことで、たいていの場合、そこでの分析は、科学者の人間性や、憶測に基づいた方法論的ミスに向けられていて、その一方で、少なくとも一部の「変人」たちに関しては、その変人科学者と権威ある科学者の識別は、方法論においても、科学的誠実さにおいても、できないのである。第二の波ならば、これらすべてのことが起こりうること、そして起こらざるをえないことを説明できる。つまり、それは、データの解釈には常に十分な余裕があり、解釈の仕方がいくつもあるからなのである。そう考えれば、なぜ、タバコ会社や石油会社が、主流派に逆らうような結果を出す科学者たちにお金を払うのかも説明がつくし、そうした偽科学による論文と真科学による論文の見分けがつかないことも説明がつく。偽科学と真科学の違いは、その動機の違いでしかない。要するに、科学を詳細に調べてみて明らかになったのは、最もハードな科学においても、最も慎重な実験においても、かなりの程度の「解釈の柔軟性」があるということだった。科学的知識の社会学、つまりSSKの科学についての調査は、これまでにないくらいに詳細なものだった。そして、結果的に分かったのは、我々が科学を理解したいのであれば、科学の出す結果だけでなく、科学の動機も知らねばならないということだったのだ。

SSKが始めた科学へのアプローチは、とても刺激的なものだった。一方で、SSKは、〔右で述べたように〕我々の科学理解を豊かにする興味深い新発見をたくさん示してくれた。そしてもう一方で、SSKは、科学と人文学という昔から続く対立関係の流れに合流していくことになった。一九五九年に、C・P・スノウは、著書『二つの文化』〔Snow, 1959〕で、人文学の学術コミュニティーにおいては、科学や数学を無視する態度は完全に許容されているが、人文学的なものを無視する態度が許容される場所などはどこにもないとされていることに不平を述べていた。しかしながら、実際に知識の最前線を前進させていたのは科学だったし、人文学の人たちにとって、科学は、批判的に侵入していくことが難しい領域だった。結果的に、一九五〇年代に科学の成功が受け入れられ、それが古い階級的上下関係を脅かすことになった。しかし、この不愉快なジレンマは、科学に対する考え方を変えれば解消することができた。つまり、結局、科学など、それほど特別なものではないとしてしまえば、人文学は科学の成功に対して劣等感を持つ必要はなく、人文学と科学の上下関係に関しては何も変わる必要はないとすることができたのである。

SSKの初期の研究は、研究者が自分の分析対象である科学を理解していなければならないとされたため、つらく骨の折れるものだった。そこで、学者たちは、文芸批評や記号論という形で、新しい科学論を記述し始めた――結局、科学的発見というのは、首尾よく受け入れられたり受け入れられなかったりする文芸作品、つまり、公刊された論文以外の何ものでもない。科学者たちは自身の発見を確立するために何をするだろうか。彼らは文を書き、その文が審査されるのである。(13) このように文学に依拠したアプローチは、科学論の一時代を支配した。そうなれば、人文学の学者たちは、対象分野についてそれほど知ら

(13) この潮流の中心人物で、大いに成功しているのが、ブルーノ・ラトゥールである。

なくても、科学を批判することができるようになる。そして、科学から離れれば、当然ながら、遠望が景色を美化することになり、〔つまり、科学が単純かつ極端な形で捉えられるようになり、〕批判も鋭く刺激的なものになっていった――例えば、あるスローガンでは、クラウゼヴィッツにならって、科学とは「他の手段をもってする政治の継続」とされることになった。[*37]

一九八〇年代の中盤頃までに、ますます多くの学者グループにおいて、こうした傾向が見られるようになり、科学はどんどん特別でなくなっていった。そうした学者たちから影響を受けた者――その影響力は人文学が科学の文芸批評という方法を見つけたころから強くなっていくのだが――にとっては、〔科学を取り囲む〕仕切り柵はすでに取り壊されているのであり、我々みんなが科学の専門家でありうることになる。当時、ある研究会で、一人の芸術家が私に対して、重力波物理学の問題は、研究チームを拡大して芸術家も入れれば解決するだろうと説明をしてきたことが私の記憶に残っている。

科学の文芸批評ほど極端でない他の潮流もあったが、同様に一般性の海[*38]のなかに飲み込まれていったし、今でも飲み込まれ続けている。第一に、科学的結果には、科学外の広範な社会の利害関心が組み込まれていることが主張された。ＳＳＫによれば、そのようなことが起こりうることは明らかだった。もし、どの実験が適切な実験であるかについての決定が、実験結果に対する評価だけでなく、科学者に対する評価にも依っているのだとすれば——そして、実験者の悪循環のようなデータ解釈の柔軟性を考えればそうならざるをえないのであるが——、どの実験結果を選ぶかという選択、つまり、どの科学者を選ぶかという選択は、その科学者がどのようなタイプの人間であるかとか、どの選択が一番好ましい結果を出すかということに大いに影響されることになる。例えば、フェミニスト分析家は、科学は男性によって支配されてきたと主張し、その男性支配は、生殖医療技術のような技術の現実の内容の中にも見て取れることを明らかにした。厳密には科学的とは言えない関心によって、科学的結論が影響されうるというだけでなく、科学の外部の世界が科学的結論に組み込まれてしまっているということであり、この場合では、男性的バイアスは、実験結果も含めたすべてのレベルにおいて、あるタイプの生殖科学のみを助長してきたということである。

第二に、科学の成果が実践的使用に供されるとき、科学者たちは、世界を過度に単純化してから仕事にかかる傾向があり、経験に基づく専門知のことを考慮に入れないということが示された。(14) 例えば、除草剤 2,4,5-T[*39] について、科学者たちは、適切な安全策に従っている限り安全だと農場作業員に言った。しかし、実際にその除草剤を使った経験を持つのは作業員たちだけであり、その作業員たちに言わせれば、科学者の言う安全策に従って除草剤を使用することは不可能であった。つまり、その除草剤は、科学者が安全だという意味においては、安全ではなかったのである。実際に農場作業員たちは、科学者たちにそのように言ったのであるが、彼らには専門職としての資格がないという理由で意見は聞きいれられなかった。(15) カンブリア地方の牧羊農夫も、似たような問題に悩まされた。彼らは、チェルノブイリ原発事故後に死の灰が土地を汚染したときに、科学者たちに自分たちの意見を聞いてもらえなかったのだ。イギリス政府の科学者たちは、羊に対する放射能の影響を最小にするためのアドバイスを農夫たちに与えたが、そのアドバイスはまったく現実的なものではなかったし、牧羊農夫たちの方が、すべきことをずっとよく理解していたのだった。(16)

残念ながら、このような研究をした研究者たちは、このことから、牧羊農夫たちが「素人専門知 lay expertise」を持っていることが分かると述べ、素人の技術的専門知が科学者の専門知と同等であるという考え方が広まってしまった。これらの事例を、科学者はものを知っていて素人はものを知らないとする、許しがたきエリート主義を示す事例だと考える学者グループもあった。それらの研究者やその支持者たちは、間違っている。農夫や農場作業員たちは、素人ではなく、エリート集団——経験を積んだ牧羊農夫や農場作業員というエリート集団——の一員なのである。彼らは、お金と権力を持ったエリート集団の一員ではないし、公式の訓練や資格に基づいたエリートでもないが、科学者集団というエリートと同じように、経験と専門知という点においてエリートなのである。だから、科学的アドバイスの現実への適用が問題になったときに、こうした「経験に基づいた専門家」が役

(14) ここでの議論は、科学と技術を混同していると言われるかも知れない——科学者の中には、自分たちの科学を純粋に保つためにそう言いたがる者もいる。しかし、第一に、科学と技術の区別は、理論的には可能かもしれないが、ほとんどの実験は技術を使っているのだから、実践的には不可能である。第二に、公衆が関係する限りでは、科学と技術は区別することはできない。普通の人にとって、冷蔵庫はブラックホールと同様に科学の産物なのである。ただ、技術社会学者のグループの中には、成功と失敗の決定に公衆が大きな役割を果たすという点で、技術は科学と異なると主張するグループもある。
(15) Irwin, 1995.
(16) Wynne, 1996.

に立つということは、当たり前なのである。先の事例では、科学者たちが農場作業員たちを排除したという行為は許しがたきことである――科学者たちは、エリート的資格に基づいて、権力を持ったエリートとして行為し、自分たちの持つ権力によって、論争からライバルのエリート〔つまり、牧羊農夫や農場作業員〕を排除したからである。そこに不正義があったのは確かであるが、そこには「素人専門家」は誰も登場していない。つまり、これらの研究を正当に解釈すれば、一般大衆はどこにも登場していないのである。ライバルエリートを「素人専門家」と呼んだのは、民主主義への感傷的思い入れに迎合するためにされたことであって、そのこと自体は、決して、これらの事例研究そのものによって正当化されることではない。これまで誰も専門家とみなしてこなかったような、特別な専門家の小集団を見つけることは、とても重要なことであるが、学者たちの間で、その発見が間違って解釈されてしまったため、「デフォルト専門知」の立場を増長させることになったのである。[17]

このような学問的考えと流れを同じくする、もう一つの重要な事例は、エイズの症状を軽減する抗レトロウイルス薬の二重盲検試験に対して、サンフランシスコのゲイたちが起こした反対運動である。[18] この集団による最も重要な運動は、二重盲検試験のために配布されたプラシーボと本当の薬を分別して山分けしたことだった。実験の被験者たちは、本当の薬を飲めば命が助かるかもしれないのであれば、自分たちは本当の薬の方が欲しいと主張し、命を救う可能性がある治療を受けられるのが半分の被験者だけになってしまうようなやり方で行われる検査は、たとえ、医療の専門家たちが、薬の効果を確かめるにはそれ以外に方法はないと主張しても、拒否すると主張したのだった。[*40]

エイズ活動家は、薬のテストの方針を変えるために、路上デモなどの様々な政治活動を行い、最終的に成功した。医療専門家たちは、考え方を変え、リスクにさらされる人の一部が治療されないままになってしまわないような、新しいやり方のテストを考案した。エイズ活動家は、薬の効果についての新しい検査システムの構築に貢献したのである。

(17) こうした傾向が何をもたらしうるかということは、MMR〔新三種混合〕ワクチンが自閉症の原因だというまったく根拠のない主張に反応して、イギリスにおいてMMRワクチン接種に反対している一般の母親や父親を、「素人専門家」派の研究者が擁護し続けているという事実から、何となく察することができるだろう。ワクチン反対運動に関しては、科学技術論において今でも議論が続いている。〔訳注：MMRワクチン反対運動については、本書後半において中心主題として論じられる。〕

(18) Epstein, 1996.

エイズ事例の研究をした研究者は、この事例によって、素人が科学に貢献できることが示されたと興奮して主張した。しかし、彼の議論は堅実と言えるものではなかった。というのも、事例研究としては素晴らしいその研究が明らかにしたところでは、活動家たちは、政治的支持を集める運動をするなかで、薬効テストの科学について学んでもいたからである。運動が終わる頃には、活動家たちの中のかなりの割合の人が、医者や医療研究者たちと遜色なく議論できるくらいにまで科学について学んでいて、彼らが新しいテスト法の構築に貢献できたのは、間違いなく、彼らが獲得した、そうした新しい技能のおかげであった――さらに、活動家たちの側も、勉強することによって、状況次第によっては二重盲検試験が必要であることを認めるようにもなった。この事例においては、素人の政治的活動によって科学側が実験法を考え直すことになったのであるが、科学の修正自体は、専門家によって――つまり、初めからいた医療研究者たちと、かつては素人であったが、継続的に優秀な専門家と交渉しているうちに独特の専門家へと変貌した新しい専門家集団によって――なされたのである。つまり、ここでも、事例研究者は自身の業績の意義を間違って解釈している。そして、彼の発言に後押しされて、多くの人は、この事例は、ほぼそのまま、我々みんなが科学の専門家だというアイデアの具体例だと考えたのである。当然のことだが、社会科学においても、自然科学と同様に、解釈の柔軟性は存在するのである。

学者たちに影響を与えた時代精神の話に戻ろう。一九六〇年代以降、〔「六〇年代（の既成の権威への反抗精神）」という影響要因の〕他にも二つの要因によって、時代精神は学者たちの分析法に影響を与え、その影響は学者たちから一般大衆の意識にフィードバックされてきた。一つの影響要因は、アメリカ的政治思想と専門知との間の分かりやすい衝突である。アメリカ的政治思想では、民主主義の概念が狭く捉えられるため、専門家というものは、人民のコントロールを超えるものとして、そして、「大部分において明瞭な議論がされている『議論による統治』[19]」のコントロールを超えるものとして捉えられる。

(19) Turner, 2003. Turner, 2001 では次のようにも述べられている。「専門知という現象は、自由民主主義の理論に対し二つの問題をもたらす。第一に、専門知という考え方が作り出す不平等が、市民による統治の根幹を切り崩し、市民による統治を蔑ろにするのではないかという問題があり、第二に、政府が特定の専門家や科学者に、助成金を出したり、助言を仰いだり、特別な地位を与えたりすることによって、政府は、自由な『議論による統治』において中立性を維持できなくなるのではないかという問題がある。」

〔第一に、〕民主主義社会は、すべての判断が、可能な限り公開されるべきだということを要求している。公開のための根拠が必要となるのは例外的な場合である。アメリカの情報公開法は、この認識を反映して出来たものであり、ベトナム戦争時代になされた法律における輝かしい成果である。第二に、公衆の関与は、専門知が解決するように求められている問題のフレーミング[*41]を吟味し論議するために必要である。公衆による批判的監督がないと、専門家は、しばしば、間違った問題や見当違いの問題に対する無意味なアドバイスを提供することになる。第三に、これまで見てきたように、専門知は組織の内部において構成されるのだが、強大な組織は、王様は裸であると宣言するような素人たちの目に継続的にさらされていない限り、世界に対する不正かつ根拠のない見解を常態化することが可能となってしまう。[(20)]

つまり、この考え方では、専門家の知識が難解なものとされている限り、専門家によってなされる判断は、民主主義の通常の手続きを通じて問題とすることができないことになり、それは嫌悪すべきことなのだ。しかし、安心できることに、もし、人々が十分に賢くなり、〔専門家と素人との間の〕仕切り柵は取り壊されたと言えれば、難題は解決する。このことから、我々みんなが専門家だという考え方は、特に学者間で、流行するようになった。しかし、残念ながら、どのような意味の専門知に基づいて、公衆が専門的判断をするのかは、はっきりしていない。我々はみんなデフォルト専門家だということなのか。それとも、我々はみんなスペシャリスト専門家だということなのか。公衆が専門知を持っているという考え方を好む分析家が、職業的な専門知を調べれば、多分その分析家は、専門家とは単に専門家と呼ばれている人のことだと言うだろう。換言すれば、職業的な専門知に関して重要なのは、ある人が何を知っているかではなく、ある人が何を知っていると他の人たちが考えているかであるということだ。これを、専門知の「関係説」という。つまり、ある人の専門知はその人と他の人たちとの関係性のなかで作られるという考え方である。とこ

(20) Jasanoff, 2003, pp.397–8. もちろん、引用元の本質的議論は、異なる民主主義のもとで専門家と公衆との関係性がどのように扱われるかという問題に関するものであり、この引用と以下に続く引用は、そこから切り取られた部分的なものに過ぎない。それでも、これらの引用は、ポイントとなることを完璧に描き出している。

ろが、〔職業的専門知を持っているわけではない〕一般市民にだけは関係説は適用されない。つまり、一般市民だけは、自身の経験と英知からなる真正なる専門知を持つことになる。こうして実は、仕切り柵が壊されただけでなく、奇妙なことに、専門家と市民の位置関係が逆転してしまうことになる。

最近の〔専門知の役割と公衆の関与をめぐる〕論争[*42]における、最も説得力と影響力のある参加者の一人も、学者の義務は、時代精神に奉仕することであって、時代精神に疑問を呈することではないと確信している。彼女の主張は、「我らはみんな、六〇年代に影響されている」と我々が述べるときのような調子ではなく、命令調である――すなわち、学者の思想は公衆の意識に導かれねばならないとされるのである。

法律制定や公共政策における最近の世界的動きは、〔公衆の〕関与をより少なく、というよりは、関与をより広範にという方向に向かっている。……一般的に、欧米諸国が受け入れてきた考え方では、民主主義的な公衆は、十分に大人であり、時間的制約などによって制限されるものの、判断形成に自分がどの程度深くまで関与すればいい

か、そして、どのような仕方で関与すればいいかは自分で決断できるとされている。(21)

おそらく、公衆に対するこの種の崇敬の念によっても、分析家たちの事例解釈のあり方はうまく説明できる。つまり、分析家たちは、先の諸事例を解釈して、一般の人々が断固とした意志を表明すれば、民主主義と専門知の「パラドックス」が解消されうること、さらに、技術的判断に参加するにあたって、人々には特別な能力が必要なわけではなく、一般的でなくなる必要などまったくないことが示されたとしたのである。それらの分析家たちが見落としているのは、民主主義には別のモデルがあるということだ。そのモデルでは、判断者に要求されるのは、定期的な選挙を通じて人々に責任[*43]を果たすことであり、選挙と選挙の間になされる判断形成に関しては判断者に委任されており、それを直接的に開かれた議論に付す必要はないのである。「もっと民主主義を」というのは、学者たちを幻惑するスローガンである――それに反対できるものなどいない。そして、より多くの民主主義以

(21) Jasanoff, 2003, p.397.

上に民主主義のためになるものはない。しかし、ある程度の慎み深い限度がなければ、もっと民主主義をという希求は、もっと母性を、とか、もっとアップルパイを、などの欲求と変わらない。

一九五〇年代以降の世界の全般的な変化における、もう一つの影響要因は環境運動である。科学技術による天然資源の開発は、初めは単純に、豊かさの生産に見えたが、だんだん邪悪で危険なものと見られるようになっていった。もちろん、実際に、それは、邪悪ではないかもしれないが、色々な意味で危険ではある。我々は、多くの場所で局所的に地球を汚染してきて、今や、例えば、オゾン層に穴をあけたり気候を温暖化させたりすることによって、自分たちが地球を全体として破壊していることを知った。科学技術の影響への不安が確かなものとなる中で、ある種の行為はほとんど狂信的な禁忌の対象となった。こうした考え方は、学者たちに影響を与え、そして、学者たちによって強化されていった。例えばイギリスでは、北海の石油リグ「ブレント・スパー」[*44]が、一九九五年にその生涯を終えた。最善の選択肢は、それを海底に沈めることのように思われたが、環境団体がその計画に反対し、その反対は学者たちによって支持された。シェル石油会社は、その圧力に屈してリグを陸地に引き上げた。しかし、後に、すべての団体から認められた分析家が示したところでは、海に投棄しておくのが、最も環境にやさしい選択肢だった。圧力団体側がスペシャリスト専門知を持っているとされたことは見当違いだったのである。(22) しかし、それでも、「海洋を汚染すること」に対する公衆の感傷的な反対はなくならず、少なくともいくつかの学者の主張に対しては影響を与え続けている。[*45] 食品に使われる遺伝子組換え生物（GMOs）に対して公衆が、学者たちの後ろ盾を伴って、不信感を抱いている事例においても、この傾向は続いている。[*46] それに加えて、かなりの割合の社会科学の学者に見られる、弱者の味方をして権力者に疑義を呈するという全般的傾向性を指摘することもできるだろう。解釈の柔軟性があるという前提のもとでは、この傾向性によって選ばれるべき立場が決まる場合が多く、それは、証拠事例の捉え方にも強い影響を与えている。

(22) Huxham and Sumner, 1999.

中間的なまとめ

これまで私は、学者たちの議論をリトマス試験紙のように使い、科学が我々の生活において持つ意義に関する公衆の理解がいかに変化してきたかを論じてきた――そこで科学は「西側」[*47]の時代精神の中にあった。そして、一九六〇年代以降、科学的専門家や彼らが生み出す知は、徐々に価値を失ってきたことを論じた。「科学論」と呼ばれる学問領域が、実験と観察という科学の方法論に騙されてはいけないこと、そして、科学的知識は他の種類の知識よりも上位にあると信じてはいけないことを我々に示し、そうした議論は、人文学によって引き受けられ、その人文学が、さらに公衆に影響を与えてきた。科学が特別でないという学者たちの思想が、広い世界へと漏れ出すことによって、一九六〇年代に社会で始まった変化は、〔学者たちによって強化されて〕社会に跳ね返ってくることになった。その変化のなかで、我々が、自分たちみんながデフォルト専門家だと信じたり、自分たちみんながスペシャリスト専門知を持つと信じたりする傾向はますます強まっていった。

第二章――専門家

これまでの話の中で、「デフォルト専門家」という概念について論じたり、それと深く関わる「専門知の関係説」――専門家とは、単に専門家と呼ばれている人のことだという考え方――について触れたりしてきた。デフォルト専門家が自分を専門家とする感覚は、本当の専門家がどこにもいないという事実にのみ基づいているわけだから、ある意味では、デフォルト専門家というのは、そもそも実際には専門家ではない。専門家とされている人々は、――専門知の関係説によれば――彼らが社会生活に組み込まれる仕方によって専門家と呼ばれるようになっただけであり、デフォルト専門家は、そのことを見抜いているということなのである。時代精神が変化したことによって、職業的専門家は失敗ばかりして専門知の欠如を露呈していると解釈されるようになり、そのことに由来して、自分自身をデフォルト専門家とみなすようになった人もいれば、それほど多くはないが、時代精神と相互に影響しあっている学者グループからきっかけを得て、自分自身をデフォルト専門家とみなすようになった人もいる。

専門知の関係説は、非常に機知と洞察に富んだ考え方であるが、我々にとって十分な理論ではない。それだけでは解決できない現実的問題があるからである。とはいっても、壁に当たって初めて人生が夢でないことに気付くというような意味で、現実的問題が関係説の間違いを気付かせてくれるということではない。関係説では、そもそも現実的問題が問題とならないのである。例えば、関係説は、競合する専門家のどちらを選んだらいいのかについて指針を与えてくれない。すべての専門家が、人々に専門家と呼ばれていることのみに基づいて専門家であるのだとしたら、一人の専門家を別の専門家より優れたものとして選ぶことはできないからである。また、関係説は、生活の中の日常的経験をうまく説明することもできない。何かを学んだとき、というより、何かを学ぶことに失敗したとき、例えば、自転車の乗り方、ピアノの弾き方、ある言語の読み方、書き方、話し方などを学ぶことに失敗したとき、そこで感じられる経験は、専門知を持っていることに対する、専門知を持っていないという経験である。この経験は幻想なのかもしれないが、「現実的には」、注目されるべきものであるはずで、さもなければ、我々は自分が次に何をしたらいいのか分からなくなってしまうだろう。自転車を持って道路に行くべきだろうか。コンサート・ピアニストになるオーディションを受けるべきだろうか。ビーチに行くのに本を買っていくべきだろうか。外国旅行のために辞書は必要だろうか。デフォルト専門知と専門知の関係説は、これらの疑問には答えてくれない。それゆえ、我々が、技術に関わる判断形成における市民の役割や市民の生き方や選択のあり方について分析する時、本当の専門知――実質的専門知――の経験も考慮に入れる必要がある。では、実質的専門家とは誰のことなのだろうか。

専門知の諸類型

心理学者や哲学者の間での主要な見解では、専門家とは、自分の専門知の向上のために自覚的に一万時間程度の時間を使った人のことである。コンサート・ヴァイオリニスト、レーシング・ドライバー、そして我々のテーマである科学者について考えてみよう。彼らはみんなこのモデルに合致している。だったら、ここで話を終わらせてもいいような気もする。つまり、我々は、みんなが科学の専門家というわけではないし、そもそもほとんどの人は、何の専門家でもない。なぜなら、ほとんど人は、一万時間も〔自覚的に〕何かに費やしたことなどないからである。

しかし、厄介なことに、すべての専門家は一万時間以上を自覚的な努力に費やしているべきだという主張は、ある問題を生み出す。つまり、このモデルだと、何が専門知であるかということは、場所によって異なることになってしまうのである。私はネイティブの英語話者であるが、一万時間モデルを適用すると、私の英語力は一般的には、イギリスでは専門知とみなされない。しかし、私が、英語圏でない外国に行ったとしたら、私の英語力は、立派な専門知とみなされる。私がフランスに行き、そこに住んだら、私は、英語を教えるための権威を持ち、それに対する報酬ももらえる。その一方で、もしあなたがフランスで生まれ育ったとしたら、英語を学ぶためには自覚的な意識付けが必要である。そして、すべての専門知が一万時間モデルのようなものに従って規定されるとしたら、専門知は、その人がどこにいるかによって――例えば、イギリスにいるかフランスにいるかによって――現れたり消えたりすることになってしまう。さらに、状況によっても専門知は現れたり消えたりすることになる。ワードプロセッサーが発明された当初は、その使用における パイオニア、つまり私のような人、は専門家とみなされていた。一九八〇年代初頭に、私の教えていたバース大学社会科学部で、私は、学科で初めてのコンピュータである、8・5インチフロッピーディスク付きの Tandy TRS80 を二番目に使用した人間だった。そのコンピュータは、経済学者たちが計算をするために導入されたのだが、私はワードプロセッサーとして使っていた――つまり、私はパイオニアの一人だったのだ。だんだんとコンピュータの導入が進み（フロッピーディスクも小さくなり）、学部の他の人たちも私の真似をし始め、私のしていることはそれほど目立たなくなった。一九九〇年代初頭に、社会科学部長をしていた私は、事務系職員たちに対し、教員だけでなく、彼らも文書を書くのにコンピュータを使った方がいいことを納得させるのに尽力した。一年と少しで、事務系の部署では、新人もワードプロセッサーを使うようになり、教員に使い方を教えるようになっていた。しかし、こうした変遷を通じて、ワードプロセッサー使用という技能の実質はまったく変わっていないとしたら、その専門知の意味も変わるべきではないだろう。

ユビキタス専門知

心理学者たちの使うモデルで見落とされているのは、ユビキタス専門知――特別な自覚的努力なしに獲得される専門知――という考え方である。ユビキタス専門知には、自分の母語を話すこと、テーブルマナーを知っていること、その社会において洗濯をどのくらいの頻度ですべきかということ、通りで人とすれ違うときにどれくらいの距離をとってすれ違うかということ、などが含まれる。すべての人が、特定の社会で育った結果として、ユビキタス専門知を獲得していて、その専門知は社会や時代によって異なる。

ユビキタス専門知は、大人になっていくだけで獲得されるものであり、社会のなかのほとんどすべての人が、勤勉でない者も賢くない者も、獲得しているものだから、そうした専門知があるということは見落とされがちである。しかし、その専門知の中には、母語を話すときの非形式的な規則や、様々な状況で他人とどれくらいの距離をとったらいいのかといったもののように、表現したり習得したりするのが非常に難しい――ある意味では、最も習得困難な専門知の部類に入る――ものもある。誰でも獲得できる技能が難しいということは、自然言語をコンピュータに教えようとしたパイオニアたちにとって大きな驚きだった。天才数学者でさえ戸惑うような数学を機械に遂行させることができる一方で、我々はいまだに日常的な会話を理解できるコンピュータを作れないのだ。ユビキタス専門知は、その専門知に関して我々みんなが専門家であるという点では、デフォルト専門知と同じである。しかし、デフォルト専門知には実質的なものが何もないのに対し、ユビキタス専門知の獲得は、実質的な何かの達成であり、ただ、我々はそれを特に自覚的努力なしに学んでしまっているだけである。それが学ばれていることすら気づかれないこともある。注意すべきは、ある専門知の地位が、時代の経過によって、スペシャリスト専門知からユビキタス専門知やそれに近いものに変化することもあるということだ。ワードプロセッサーの使用が一つの例であるが、自動車の運転などはもっと分かりやすい例だろう。

「ノーベルスキーグラード」

それでは、バース大学の事務職員たちがワードプロセッサーの「専門家」になったように、原理的には、我々すべてが、それなりに努力すれば、科学の専門分野において専門家になることはできるのだろうか。人々が、科学を、特別な習得物と考えるのをやめることは可能なのだろうか。つまり、科学を、ユビキタス専門知という背景に溶け込ませることはできるのだろうか。それとも、科学者は、やはり特別な人間であり、科学はエリートの特権であり続けるのだろうか。

答えは、科学においても、他のどの分野でもそうであるように、幾人かは非常に頭のいい人たちがいるということだ。科学者たちは、複雑な問題の中に即座に解決の道を見出してきた有名な同僚の話をしたがる。しかし、実はその一方で、その人の周りにいる凡人たちは同じ問題に数か月も悪戦苦闘しているのである。そのような天才のなかでも最も有名な一人、ジョン・フォン・ノイマンに関する話を次にあげよう。

複雑な操作を頭の中で即座にこなしてしまうフォン・ノイマンの能力は、他の数学者たちを唖然とさせた。ユージン・ウィグナーは、フォン・ノイマンが仕事するのを見て、「千分の一インチのレベルで正確にかみ合うように作られたギアを内蔵した完璧な機械という印象を持った」と記している。ポール・ハルモスは、「フォン・ノイマンの速さは、畏敬の念を抱かせるほどだった」と述べている。イスラエル・ハルパリンは、「彼についていくことは、……不可能だった。三輪車でレーシングカーと競争しているような感覚だった」と述べた。エドワード・テラーは、フォン・ノイマンは出会う人すべてを簡単に超えていったと述べ、「私は絶対に彼には追いつけなかった」と述べている。ローター・ウォルフガング・ノートハイムは、フォン・ノイマンを「これまで会ったなかで最も早い回転の頭」と形容した。ジェイコブ・ブロノウスキは「彼は、例外なしに、これまで会ったなかで最も頭のいい人間だ。彼は天才だ」と述べた。[23]

しかし、これは科学の本質ではない——そもそも、フォン・ノイマンよりも偉大な科学者であるアルバート・アインシュタインに関しては誰もこんなことは述べていない。加えて、二〇世紀物理における、もう一人の有無を言わせぬ天才、ニールス・ボーアに関しては、彼は数学ができなかったと言われている。

ニールス・ボーアの弟、ハラルトは、偉大な数学者だったが、ニールスについて、素晴らしい直観を持っているので数学なしでやっていけるだろうと述べた。ハイゼンベルグの述べるところでは、「ボーアにとって数学的明快さは、それ自体としては何の意味も持たなかった。」……ボーアの数学力が非常に限定的だったことについては、多くの証拠がある。……ボーアが書いた、原子論についての一九一八年の偉大なる論文における数学のすべては、ボーアの当時の助手によるものだった。……「ボーアは数学的部分についてはまったく理解していなかった。それにもかかわらず彼は、いわば、物理的には理解していたのだ。」[24]

いずれにせよ、科学の計算的部分では、機械の方が上であり、科学者に残された意義は、予想や洞察のできる人間としての意義であるが、予想や洞察の能力と、計算に関するけた違いに高い知能指数（ＩＱ）との間の関係性ははっきりしていない。我々みんなが科学の専門家だと言えるのか、という問いに答えるために、フォン・ノイマン型の聡明さを求めるとしたら、我々は見るべき場所を間違えている。我々みんなが聡明な科学者だとは言えないということは当然である。しかし、幸いなことに、よい科学的判断ができるための知を持っていることは、聡明であることとは違うことなのだ。

天才たちにはどこかへ行ってもらって、もう一度、問うてみよう。科学は「ユビキタス専門知」になりうるのだろうか。ここで、ちょっとしたＳＦを、もう少しかっこよく言えば、一つの思考実験を考えてみよう。ソ連時代に作られた科学都市をもっと極端にしたような都市を想像してみるのである。その都市「ノーベルスキーグラード」では、全世帯が――お母さんもお父さんも――科学者の世帯であり、科学者たちはみんな、オフタイムに

（23）<http://en.wikipedia.org/wiki/John_von_Neumann#Cognitive_abilities> (accessed 23 February 2013).

（24）Beller, 1999, pp. 259–61.

は、ごみ収集とか火災の消火とか下水掃除といった雑用もこなしている。この科学者コミュニティーでは、昼夜問わず、科学のことしか話題に上らない。このコミュニティーに生まれた子供は、生まれた時から科学についての話しか聞いたことがない――実は、生まれる前の子宮内でも聞いていたのは科学の話がかすかに反響している音である。玩具は試験管や顕微鏡で、子供部屋の壁は、童謡ではなくて、方程式や、ＤＮＡの分割や結合を表したモビールや、分子模型で飾られている。幼稚園から始まる教育課程で教えられるのは科学である。このような社会では、科学がユビキタス専門知になり、極端な知的問題がない限り、みんなが順調に数学者や物理学者や生物学者などになるだろうことが想像できる。

本書の目的のために、ここでは、科学は知的な難解さの故に少数のみが保持する特権的なものであるという考え方はやめることにしよう。科学は、少なくとも科学のさまざまな形態のうちのいくつかについては、日常的な雑用作業に比べて、特別に難しいわけではない。それに実際のところ、幾世紀にもわたって、科学に貢献してきたのは、比較的一般の人々なのである。彼らは、自然誌のために標本を収集して観察したり、天文学者の代わりに空を見張ったりしてきたのだし、最近では、地球外知的生命体探査（「ＳＥＴＩ」）や重力波探査（「Einstein@Home」）のデータをコンピュータで解析したりしている。[25]

結論を述べれば、専門知に関して、一万時間の自覚的な努力を費やしているべきというような特別な条件はないいし、科学者が特別な何かを持っていて、それによって科学が必然的にエリートの特権領域になっているわけでもない。しかし、我々の社会では、ノーベルスキーグラードのような科学都市は存在せず、科学はユビキタス専門知ではない何かである。つまり、我々の生活している現在の状況下では、科学は、スペシャリスト専門知である。我々の社会では、人は、訓練なしには、それもかなりの訓練なしには「科学者」にはなれない。

スペシャリスト専門知とメタ専門知

先の節で、ユビキタス専門知の概念を導入し、最終的に、スペシャリスト専門知という

(25) もちろん、こうした科学への貢献者は彼らの観察の成果にも関わらず、いまでも「科学者」とは呼ばれない。Collins, 2013b も参照せよ。

概念についても言及した。スペシャリスト専門知とは、医者、コンサート・ヴァイオリニスト、大工、物理学者、数学者、トラック運転手、エンジニアなどが持っている専門知のことである。「スペシャリスト」というのは、専門家について語るときに、心理学者のみならず、ほとんどの人が思い浮かべる人たちのことである。*48

実質的専門知には、他に、専門家と公衆の関係性において非常に重要な、第三の種類のものがある。それは「メタ専門知」である。メタ専門知とは、専門家を判定し、様々な専門家の中から一人を選ぶときに使われる専門知である。原理的には、この種の専門知があれば、現代の科学技術社会において下すべき判断を巡る問題に関しては、十分にうまくやっていける。専門的な意見が競合した場合、専門家を選択する方法が確実ならば、最良の選択肢を選ぶ方法も確実なことになるからである。

専門知の表

デフォルト専門知というカテゴリーは少し奇妙なものである。なぜなら、そこで学ばれることは、いわゆるスペシャリストというものが、本当は何も知らないということだけだからだ。しかし、それ以外の諸々の実質的専門知に関しては、すべてに共通する一つの獲得理論を取り出すことができる。ユビキタス専門知は、自覚的努力なしに獲得される——それは単に我々に入り込んでくる。また、少なくともいくつかのメタ専門知は、同じように我々に入り込んでくるだけの専門知である——我々は信頼できる人間と信頼できない人間の区別の仕方を、社会のなかで大人になる過程で学んでおり、もし、なじみのない社会に行ったら、それができない「まぬけ」になってしまう。スペシャリスト専門知の獲得理論は既に——TEAレーザーの例で——扱った。TEAレーザー装置を作る能力を得るためには、（最初にそれを発明した天才を除けば、）うまく動くレーザー装置をすでに作ったことがある科学者たちとの社会的な交流が必要である（少なくとも初期の頃はそうであった）。社会的な交流によらない限り、科学者たちは、装置を動かすためのこつ、言語化されておらず、おそらく言語化されえないこつをつかむことはできなかった。最近では、レーザー装置自体も変わっているだろうし、多くの技能が形式的に表現されるようになっているかも知れない。それでもやはり、真新しさや不確実性の支配する現場においては

──つまり、冷蔵庫や自動車のような既に開発が進んでいる装置を扱う場合を除けば──、科学における現実的成功は暗黙知に依存していて、その暗黙知は、雑用作業員のもつ暗黙知や、ユビキタス専門知が学ばれるときに獲得される暗黙知と、それほど大きな違いはない。つまり、実質的専門知には共通する獲得理論があり、それによれば、専門知の幾分かは教則本や文献などで学ばれることもあるだろうが、その本質的部分は、暗黙知を得ることによって獲得される。そして、暗黙知の獲得は、その暗黙知をすでに持っている人の周りで時間を過ごすことによってのみ実現される。暗黙知をすでに持っている人が、スペシャリスト専門家である場合もあるし、ユビキタス専門知の獲得におけるように、一般の人である場合もある。科学に関して言えば、ノーベルスキーグラードにでも住んでいない限りは、スペシャリスト専門家の周りで時間を過ごすことが必要となる。

ここで提示されているのは、専門知獲得の「社会説」の一つであるが、この点には注意が必要である。ここでの獲得理論では、専門知は、他の専門家たちとの交流のなかで獲得される──つまり、社会的接触のなかで獲得される。それに対し、専門知の関係説も社会説の一つである──ある人が専門家になるということは、その人に「専門家」というラベルを貼る人たちとの間の社会的関係によっている――が、二つの説はまったく異なる社会説である。関係説はラベルを貼ることについての理論であるのに対し、暗黙知の社会的獲得説は、他の実質的専門家から実質的専門知がいかに獲得されるかについての理論である。どちらの説も、社会的相互作用に関係しているが、似ているのはその点だけである。

ここまでで、三種類の実質的専門知――ユビキタス専門知、スペシャリスト専門知、メタ専門知――が登場し、その獲得の理論が一つ登場した。表2－1は、専門家とは、あるスペシャリスト集団の暗黙知を共有している者であるという考え方で作られた表である。見て分かるように、三つの行はそれぞれ三つの種類の実質的専門知に対応している。こうして表にすることによって、三つの専門知の下位分類が見えてくるし、全体が整理される。我々みんなが科学の専門家なのかという問いに関連して、二つの重要なことは、一次資料知と対話的専門知との間の厳格な区別と、太字で示した「ローカルな差別化」である。これらについては、各カテゴリーをより詳細に論じるなかで説明することにしたい。

ユビキタス専門知

表2－1の一行目から始めよう。ユビキタス専門知とは、先に述べたように、我々みんなが社会で大人になっていく過程で獲得している専門知のことである。もし、ノーベルスキーグラードで生まれ育っていたら、科学を理解する能力はユビキタス専門知に含まれることになるが、一般的には、一人前の科学者であるということは、スペシャリスト専門家であるということである。

注意すべきことは、どんな種類の専門家であっても、最初に持っているのは、その人の社会に付随するユビキタス専門知であり、その上にほかの専門知が付け加わっても、ユビキタス専門家であることは変わらないということである。もし、我々の一人一人が持っている専門知の量を「測定」できたとしたら、他の種類の専門知の量に比べてユビキタス専門知の量は膨大なものになるだろう。ある人が、ジョン・フォン・ノイマンやアルバート・アインシュタインのようなトップレベルの物理学者であっても、その人は、自然言語を話す能力は学んでいるし、洗濯をどれぐらいの頻度でするべきかとか、歩道で他人とど

1. ユビキタス専門知					
2. スペシャリスト専門知	**ユビキタス暗黙知**			**スペシャリスト暗黙知**	
	ビールマット知	大衆的理解	一次資料知	対話的専門知	貢献的専門知
3. メタ専門知	**外的（変成的専門知）**		**内的（非変成的専門知）**		
	ユビキタスな差別化	**ローカルな差別化**	技術的鑑識眼	下向きの差別化	参照的専門知

表 2–1：専門知の表（簡略版）[26]

（26）この表は、Collins and Evans, 2007, p. 14 の表の簡略修正版である。

れくらいの距離をとるべきかといったことも学んでいる。おそらく読み書きもできるだろうし、最近であれば、インターネットの使い方も知っているだろう。これらすべては注目すべき技芸であり、ほとんどは、多分、人間にしか獲得できないものである。

スペシャリスト専門知

スペシャリスト専門知を持つとはいかなることか。我々の大部分にとって、スペシャリスト専門知の獲得はどの程度まで可能なのだろうか。実は、ほとんど人は、その人の仕事の対象に関しては、スペシャリスト専門家である。それは、大工であろうが、バスの運転手であろうが、高エネルギー物理学者であろうが同じである。すでに、我々は、スペシャリスト牧羊農夫やスペシャリスト除草剤噴霧作業員について論じた。普通は素人の一人と考えられる者が、スペシャリスト医療専門家である場合もある。例えば、慢性病に罹っている人は、その病気の治療法についての知識を持っていて、その知識は担当医に匹敵することがあるし、場合によっては、担当医を凌駕することさえもある。慢性病患者は、自分の病気やその治療と生涯の間付き合っているわけで、その個別の病気に関しては、知識を持ったエリートと考えることができる。この場合でも、彼らは、(我々みんなと変わらない)素人集団から選ばれたにもかかわらず、素人専門家などではない。数年の間、自分の病気と付き合い、それを治療した段階で、彼らは、単に専門家――経験に基づいた専門家――なのである。

このような経験に基づいた専門家は、表2-1の二行目の一番右のグループに入れられるべきである――つまり、彼らは、貢献的専門家なのである。貢献的専門家とは、ある専門知の領域において貢献をする者であり、一般的に人が「専門家」という言葉を聞いたときに思い浮かべる専門家のことである。いかにして人は貢献的専門家になるのだろうか。他の貢献的専門家と一緒に働き、彼らの技能や技巧――ものごとの運びかたについての暗黙知――を受け取ることによってである。貢献的専門家になるためには、徒弟になる必要がある――徒弟科学者、徒弟農夫、などの他にも、徒弟慢性病患者は、他の患者や医者から病気への対処法を学ぶのである。つまり、二行目の右側の上の段のグレーにした部分に示してあるように、このグループに入るためには、「スペシャリスト暗黙知」が必要である。同じ欄のもう一つのカテゴリー――対話的専門知――については、少し後に論じることにしたい。

表2－1の二行目の左側、つまり、獲得のためにユビキタス暗黙知（ユビキタス専門知）しか必要としない専門知には、三つのカテゴリーがある。これら三つのカテゴリーの専門知は、読むことのみを必要とし、スペシャリスト専門家との交流を必要としない——つまり、それらの専門知は、いかなる種類の徒弟制も必要としない。もちろん、読むこと自体は、膨大なユビキタス暗黙知に依存している。読むためには、母国語を知らないといけないし、教養もないといけないし、何を読むべきかとか、読むべきものがどこにあるかも知らないといけない。もしアマゾン奥地の現地人がイギリスやアメリカに連れてこられて、何か専門的テーマについて、図書館やインターネットを使って調査するように言われたらと想像すれば、そこにどれだけ多くの知識が介在しているかはすぐに分かるだろう。三つのカテゴリーにおいて重要なのは、ここでは、通常の社会生活のなかで獲得されるユビキタス暗黙知と、あとは、やる気さえあれば十分だということだ。スペシャリスト暗黙知はここでは必要ない。この三つのカテゴリーに関しては、スペシャリスト専門知というよりはスペシャリスト情報知の諸レベルと言ったほうがいいのかもしれない。

三つのカテゴリーのうちの一番左側の「ビールマット知」のためには、最少の暗黙的理解しか必要とせず、他の知と比べて少ないユビキタス専門知で足りる。もちろん、数行の文章を読んで理解すること自体は、注目すべき技芸ではある。「ビールマット知」という呼び名は、それが、ビールなどの飲料のコースターの裏側に書いてあるような数行の文章に基づく知であることに由来している。十年くらい前に、飲料会社のベビーチャムが作ったコースターに、次のような文章が書かれていたことがあった。

ホログラムとは、――その中を覗き込める――三次元の写真のようなものだ。普通の写真だったら、そこに見える画像は、普通の光のもとで、カメラの置かれた一つの位置から見た被写体の画像である。ホログラムの違う点は、撮影対象のまわりを巡るように分裂されたレーザー光のもとで撮影されることである――結果として本当の三次元の画像が得られるのだ。

これで、私もホログラムの「専門家」だ。ビールマット知が使われることはほとんどない——それは、トリビアル・パスート[*49]をプレイするときに役に立つくらいで、ホログラムを作るためにも、ホログラム技術が有益な技術であるかどうか、その技術に援助が必要かどうか、などを判断するためにも、ホログラムが人間の健康や環境に対していいものか悪いものかを判断するためにも役には立たない。

二行目の次のカテゴリーは「大衆的理解」である。これは、大衆的な科学書籍やテレビ番組などで得られる知識のことである。ここでも、スペシャリスト暗黙知は必要ない。なぜなら、そうしたメディアの念頭にあるのは素人であり、そこではスペシャリスト知を前提にできないからである。しかし、大衆的な書籍やそれに類するものによって、読者は、自分たちが何かを理解しているという印象を持つようになり、実際に、コースターから学べることよりは多くのことを理解している。それでも、こうした大衆的な提示からは、人は、自分が思っているほど多くのものは学んでいない。

一次資料知は、先の二つの知よりも誘惑的である。それは、専門的なジャーナルを努力して読んだり、インターネットで高度に専門的な資料を読んだりして得られる知識のことである。そうした文献を読むのは素人には非常に難しいが、不可能ではない。例えば、専門的なジャーナルに載った物理学の論文について、そこにある方程式は理解できなくても、「大意をつかむ」ことは可能である。オリンピックの高飛び込みの審査員の言葉を借りれば、「テクニカル難度」が高いためだろうか、そうした専門的な論文を幾分か理解できたとき、人は、自分が科学の中心部に到達したと思いがちである。でも、そんなことはない。このレベルの理解のためにはユビキタス専門知しか必要とせず、その理解と、スペシャリスト暗黙知の獲得を要する、次の段階の「対話的専門知」との間には、大きな隔たりがある。その隔たりは、表2－1では、太い線で示してある。この点については、第三章で再び論じることにしたい。

二行目で最後に残されたカテゴリーは対話的専門知で、これは比較的新しい概念である――多分、最近まで注目されてこなかったものである。[27] 対話的専門知とは、ある専門家コミュニティーの言語的会話に参加し、実践的活動への参加や意図的な貢献をしないままで、流暢に会話に参加できるようになったときに獲得される専門知である。つまり、ある人が、

(27) 初めて議論されたのは、Collins and Evans, 2002. である。

ある専門領域の「貢献的専門家」にならないままで、その領域の対話的専門家になることは可能である（もちろん、貢献的専門家は、自分が貢献する領域に関連した専門的言語を知っている必要があるのだから、貢献的専門家はすべて対話的専門家でもある）。

一見、この対話的専門知というのは、――「口だけ達者」で「実行を伴わない」――とても「浅薄な」専門知のように思われる。しかし、対話的専門知は、非常に重要で、かつ非常に「豊か」な領域であり、本書の目的の鍵となるものである。第一に、対話的専門知の獲得には非常に長い時間がかかり、会話の流暢さのテストで専門家として認められなければ、それを獲得したことにはならない。例えば、私は、数十年にわたって、重力波検出の社会学を研究してきて、重力波物理学のコミュニティーと付き合ってきた。私は、もちろん、重力波物理学を「遂行する」ことはできないが、重力波物理学のスペシャリストたちが持っている暗黙知を私も持っているかどうかを試すテストをしてみた。テストでは、ある重力波物理学者が、別の重力波物理学者と私にいくつかの専門的質問をして、二人は、何も参照しないで素早くその質問に答えるように指示された。続いて、そのやりとりを、名前を伏せて、九人の重力波物理学者に見せて、本物の重力波物理学者とコリンズという偽物を識別するように求めた（九人は、全員私のことを知っていて、偽物として参加しているのは私であることも知っている）。結果として、七人は、識別できないと答え、二人は、私の方を本物の物理学者だと特定した。この実験結果は、科学ジャーナル『ネイチャー *Nature*』に、「社会学者が物理学者の判定を欺く」という題名で掲載された。[28] 質問とそれに対する二つの答えの具体例を表２‐２に挙げる。一つは私の答えで、もう一つは本物の物理学者の答えである。この表を見れば、対話的専門知の獲得が決して簡単なことではないと分かるだろう。

しかし、対話的専門知の重要性は、この実験の示していることよりずっと大きい。十億ドル規模の国際的領域である重力波検出という分野には、千人くらいの物理学者が働いていて、それぞれの研究者は、その分野内の下位専門分野に属している。様々な宇宙の大変動によって放出される重力波の形態を調べる人もいれば、レーザー干渉計型検出器で使われるレーザーを設計する人もいれば、検出装置の原理について研究している人もいれば、

（28）Giles, 2006.

表 2-2：重力波物理学に関する質問と答え(29)

ある学者が、ある理論を考え付いたとあなたに述べた。その理論によれば、素粒子の円環は重力波によってずれるが、その影響は、円形を残しながら、そのサイズを平均サイズの周辺で変動させるというものだ。この効果をレーザー干渉計を使って測定することは可能か。

可能だ。しかし、二本のアームのひずみの差（の分析が普通であるが、そう）ではなく、ひずみの合計を分析する必要がある。実際のところ、光が一本のアームに沿った光路を巡って帰ってくる時間を十分に正確に測定できて、アームの長さの小さな変化も検出できるならば、重力波を検出するために干渉計の二本のアームは必要ないくらいだ。	発生源の方向による。センターステーションを通り、二本のアームのなす角度を二等分するような平面上のいずれかの方向に発生源があったら、検出可能な信号は存在しない。そうでなければ、信号は存在し、発生源が二本のアームのうち一本を延長して得られる直線上にあるときに最大になるだろう。

精巧な真空システムや鏡懸架装置や地面振動の防振システム等々を設計したり作製したりする人もいる。概して、一つの部門の研究者は、他の部門の研究者の仕事に関して、——少なくとも、その分野で長期にわたる徒弟的訓練を経ていなければ——代わりに遂行したり、口を出したりすることはできない。もし、それが可能だったら、彼らはスペシャリストではないことになってしまう。それにもかか

わらず、彼らは自分たちの仕事を協働させなければならない。彼らは仕事を協働させるために、仕事の一環として多くの国際学会に参加して、そこで学んだ共通言語を共有し、さらに、お互いの実験室を訪問し研究滞在をする。そこで彼らがしているのは、お互いの専門分野における対話的専門知の獲得なのである。つまり、ありていに言えば、原理的には、重力波に関わる専門知に関して、専門分野で働く人と私のような対話的専門家との差は、その人が、一つの下位専門分野における貢献的専門知を持っているという点だけなのである。その点を除けば、貢献的専門家にしても、コリンズにしても、〔実践的専門分野では仕事をせず、大局的に技術的決断を下すトップマネージャーにしても、〕使っているのは、すべて対話的専門知なのである。そう考えれば、重力波の科学者たちと数十年付き合ってきた私が、彼らの専門的な質問に答えられるようになっていても、それほど驚くべきことではないのである。

（29）右側の解答が私〔コリンズ〕の解答で、重力波と検出器の関係を幾何学的に考えて、その場でひねり出したものである。

もう少し考察して、対話的専門知が、科学で起こっているほとんどのことにおいて、鍵となっていることをはっきりさせてみよう。すでに述べたように、重力波検出のように大きな科学的プロジェクトのマネージャーは、ほとんどの場合、対話的専門知によって仕事をしている。[30]ジャーナルの論文を審査したり助成金の授与を決めたりするプロセスは、「ピアレビュー制度」[*50]などと大袈裟に語られるが、審査者が審査対象となる仕事とまったく同じ仕事を実際にしているなどということはまずありえないのだから、それも、対話的専門知によるものである。そして、請け合ってもいいが、物理学者たちがお互いに会話するときや、判断形成のために委員会で議論しているとき、彼らは計算もしていないし、実験もしていない。そこで彼らは、私が彼らと付き合うなかで話せるようになったような話をしており、その中で彼らの判断は形成されるのである。一つの下位専門分野で貢献的専門家になることを学ぶときでさえ、重要なことのほとんどは、対話的専門知の獲得である。なぜなら、実践的問題のなかでどのように振る舞うべきかを学ぶ——つまり、何に注目すべきで何を無視すべきか、何を「見る」べきで何を見てはいけないかを学ぶ——のも、会話を通じてだからである。人が、ある実践的活動に参加するとき、厳密に言えば、その実践的活動には無限のバリエーションがあり、個々の活動の組合せにも無限のパターンがありうるのだが、そのうちどのパターンに焦点を当てるべきかを我々に教えるのは、ほとんどの場合、言葉である。[*51] 世界は、それが最初に我々の感覚の最外部の層に刺激を与えるときには、雑多で形を持たないが、我々は他の人と話すことにより、それを個別の対象の集まりへと成形する術を習得する。そして、それらの個別の対象が、専門家コミュニティーの共通通貨となるのである。

専門的領域における実質的専門知を、完全な徒弟制を経ないで得たいと思っている者にとって、対話的専門知は、希望を与えるとともに忠告を与えるものでもある。希望は、スペシャリスト専門知を持つ人がすべて貢献的専門家でなければならないわけではないという点だ。実際に、ほとんどのスペシャリスト専門家は、ほとんどの時間において、貢献的専門家として行為してはいない。彼らは、何をすべきかについて学んできたことではなく、何を言うべきかについて学んできたことからなる専門知を使って、つまり、対話的専門家

(30) Collins and Sanders, 2007.

として行為しているのである。しかし、心に留めておくべきだが、対話的専門知の獲得は決して簡単なことではない——それは実質的専門知の一つである。つまり、対話的専門知というのは、「口だけ達者〔で実行を伴わない〕」と軽蔑的に表現されるものとはまったく異なる何かである。対話的専門知を獲得することは、いわば、実行を伴った話し方を学ぶことなのである。対話的専門知を獲得するということは、十分に流暢に会話することを学び、他の専門家たちと同じ判断を下せるようになるということであり、その獲得には、長期にわたるコミュニティーへの没入が必要なのである。

対話的専門知という考えの意味することは、技術的専門家として、正当に専門的な判断形成の議論に入っていける人が、これまで考えられていたよりも、少し多くいるということである。かつては、スペシャリスト専門家といえば、貢献的専門家のことであり、それ以外にはいないと考えられていた。今や、スペシャリスト専門家の中には、貢献的専門家には少し足りない専門家——対話的専門家——もいることになったわけである。しかし、このことによって、専門家の数が著しく増えるわけではない。なぜなら、対話的専門家であって貢献的専門家でない人の数は、それほど多くないからだ。当然ながら、対話的専門家というアイデアによって、我々みんなが科学の専門家だという主張が正当化されるわけではない。

メタ専門知

表2－1の三行目は少し複雑である。この行は、専門知を遂行することではなく、専門家や専門知を選ぶことに関わっている――専門家を選択する能力自体も一つの専門知であり、うまく遂行されたり、まずく遂行されたりするのだ。

我々は、専門家たちの資格や経験やこれまでの業績記録を参照することによって、専門家を選ぶこともできる。(31) もちろん、それ自体も簡単なことではない。まず、ある資格や学位が本当のところ何を意味しているのかを知っていなければならないし、専門職の経験や業績記録から何かを知るという作業のためには、さらに別の種類のスペシャリストが必要となるだろう。しかし、いずれにせよ、それらの基準は信頼に値するものではない。科学

(31) Collins and Evans, 2007 のオリジナルな専門知表では、こうした「メタ判定基準 Meta-criteria」が独立して一つの欄をなしている。

者のような専門的な人々は、時流に乗ったり時代遅れになったりするものだ。彼らの知識には賞味期限があり、もし、よい業績を持つ人がいても、次々に起こる新しい問題は、これまで誰も直面したことのない新しい挑戦を必要とするため、その挑戦のためには、これまでの業績が何の意味もなさない場合もある。専門家というのは、言ってみれば、「一つ前の戦争を戦っている」――つまり、彼らの理解できる戦争を戦っている――ことになりがちである。本書でも後に、南アフリカでの抗レトロウイルス薬の配布を巡る論争を取り上げるが、そこで、その論争に参加した主導的な科学者の一人が、素晴らしい学位と豊かな経験と良い業績を持っていた――つまり、論争に参加した科学者のなかで最も名声のある科学者だった――にも関わらず、政策という目的への貢献として考えた場合、彼の持つ資格や経験がうまく機能しなかったことが分かるだろう。

資格の話はやめて、表2－1の三行目の左側から話を始めよう。そこにあるのは、我々が、日常的に、中古車を買ったり、ある政治家が誠実か不誠実かを判断したりするときに使う専門知である。誰しもそうした判断はしなければならないので、それを、「ユビキタスな差別化」と呼ぶことにする。我々はみんな、セールスマンなどを差別化している。もちろん、よくある、無骨な田舎者の物語や繁華街に出て金を巻き上げられる若者の物語から分かるように、それは大事な技能である。映画『真夜中のカーボーイ』で、ジョン・ヴォイト演じる無骨者は、初めてニューヨークに来て、彼の性的魅力に引っかかったカモと娼婦の区別がつかなかったのだが、その映画を笑ってみている聴衆には、その違いは一目瞭然だったのである。つまり、素朴な田舎者が、街で生きていくために必要なユビキタスな差別化を習得していないことが、滑稽話を作り出したのだ。しかし、ユビキタスな差別化は、それを獲得することが簡単でないことは確かだが、それほど信頼できるものではない。もし、ユビキタスな差別化が信頼できるものだったならば、みんなが初めからリチャード・ニクソンがどういう人物かを見抜けていたはずで、ウォーターゲート事件などは起きなかっただろう。

表2－1で、一つ右に移動しよう。「ローカルな差別化」は、選択の対象となる人物について、「内部情報」に基づいて何か特別なことを知っている場合――その人の同僚を知っているとか、その人の近所に住んでいて普段その人がどのように行為しているか見たことがあるといった場合――に使われる専門知のことである。この差別化は、それがロー

カルかつ特別な情報に基づいているということから、「専門知」の種類としては、少し変則的なものである。[*52] しかし、非常に重要なもので、正当な「警笛鳴らし」の基盤になりうるものである。警笛鳴らしに関しては、第四章で個別に扱う。ローカルな差別化は、ユビキタスな差別化と比べてかなり信頼のおけるものである。表２－１では太字で記すことによって、ローカルな差別化の重要性が示されている。

例えば、気候変動の専門家や医療の専門家のような専門家たちが論争していて、市民がどちらかの専門家を選択しなければならないという場面を考えることができるが、たいていの場合、選択は、ユビキタスな差別化かローカルな差別化のみに基づいてされることになる。クライメイトゲート事件が大騒ぎになったのは、我々みんなが、いきなり、自分たちの差別化能力が膨大に強化されたと考えたからである。我々は気候研究ユニットについてのローカルな情報を与えられたわけである。つまり、かつては、誰が正しいかを、我々は、ユビキタスな差別化を使って頑張って考えていたのだが、今や、それよりずっと信頼できるローカルな差別化を遂行する能力を持ったということである。それは天からの賜物のように思われたはずで、人によっては、地球温暖化の議論やその支持者たちは信頼できないと、いきなり結論づける人もいたのである。

ユビキタスな差別化とローカルな差別化は、（表2－1では）「変成的専門知」と名付けられている。錬金術師の夢は、元素を――最終的には金へと――変成させることだったが、ここでの二つのタイプの差別化も、人間についての判断を拠り所として、〔金以外の金属のように価値の低い〕その判断を、普通はスペシャリストの特権とされている技術的選択という金《きん》に変化させるのである。

表2－1の三行目を右側に移動すると、三つの非変成的専門知がある。それらが非変成的といわれるのは、それらの専門知が、他の人間についての専門知ではなく、実質的で技術的な専門知だからである。右から見ていくと、「参照的専門知」は、ある専門領域の専門知が別の専門領域で使われるときの専門知である。参照的専門知という概念は、応用しにくいものであり、本書での議論においては、特に注目する必要はない。

メタ専門知の右から二番目は、「下向きの差別化」である。下向きの差別化とは、スペシャリストが、自分の専門領域で、自分より専門性の低い人物のなした主張の是非について判定するときの差別化である。この専門知に関わる問題点は、我々はみんな、他の人よりも自分の方がよく知っていると、そうでない場合でも、考えているという点である。だから、下向きの差別化が、適切に上位から遂行されたと誰が言えるのか、という話になる。誰が正しいか言えるのは誰なのだろうか。この問いに答えるのは、非常に難しい。ただ、評価された者が認めていない下向きの差別化について、より下位の専門家でも、その正当性を理解できる場合がある。例えば、イギリスで二〇〇三年に、遺伝子組換え作物を巡る公共的な諮問会議があった。そのとき、遺伝子操作実験で放射能を持つ遺伝子マーカーが使われていることによって作物が放射能を持ってしまうという危惧が表明されたが、多少の技術的知識をもった人ならば〔つまり、下位の専門家でも〕、ほとんどみんな、それは根拠のない危惧だと言うことができた。しかし、それでも、その危惧を主張した人は、主張が〔専門家たちに〕論駁されても動じなかったようである——その人は、自分の方がよく知っていると考えていて、専門家たち「ならそういうだろう」くらいに考えていたのだ。下向きの差別化は、科学者、技術者、公衆の三者の関係性の中で機能している。このことについては第三章で改めて論じる。

次に、技術的鑑識眼は、家を修繕するために職人を雇う人がいつも使っている専門知である。我々は、自分たちが配管工でもタイル職人でもないのに、配管作業がきちんと行われているかとか、タイルが適切な位置に貼られているかといったことを判定しなければならない。この技能は、日常的世界においてタイルや導管と接するなかで身に着けた技能であり、ユビキタス専門知の一つである。もちろん、もし、本当に高い基準が満たされているかを確実に知りたい場合は、その判断のために、建築家などの専門職を雇わねばならない。

さて、今や、我々は、専門知やその種類についての、かなり豊かな概念を持つことになり、専門家について語る準備は整ったと言えるだろう。もう、問題は「私たちと彼ら」――つまり、公衆対専門職――の問題ではない。今や我々は、あるグループがどの専門知の所持を主張しているのか、そして、そのグループが本当に所持しているのはどの専門知なのか、と問うことができる。それはスペシャリスト専門知だろうか。もしそうだとしたら、そのグループのメンバーはその専門知をどのように獲得したのか、そして、そのグループは、専門職の文化とどの程度接触を持っているのか。それはメタ専門知だろうか。もしそうだとしたら、それはユビキタスなものか、ローカルなものか。もしローカルなものだとしたら、情報をもたらしている特別な知の源泉は何か。

第三章──市民の懐疑論

第二章で論じた専門知の本質についての深く豊かな理解があれば、我々は、市民が直面してきた諸々の忌まわしき出来事を少し違った目線で見ることができる。まずは、クライメイトゲート事件から始めよう。

クライメイトゲート事件の重要な点は、それが、わずかの人しか知らなかった秘密──科学者が日々何をしているのか──を一般の人々に対して暴露したことである。何十年もの間、その秘密を知っていたのは、経験を積んだ科学者、それも、自分自身の実践について反省する能力を持ちあわせた、経験を積んだ科学者に限られていた。一九七〇年代に、科学論の第二の波が、その秘密を、社会科学者に対して暴露し始めた。一九七〇年代初頭から、科学者が他の科学者を批判するときの言葉を引用するという単純なことが、私の挑発的な楽しみになったことを覚えている。そうした言葉を引用すること自体が、新しい世界を提示することになったのは、科学者がそのような語り方や考え方をするなどということを科学の外部の人間は誰も知らなかったからだ。科学論の第一の波は、科学という、可能な限り最も完全な形態の知識に対しての、そして、科学者という、自然とのコミュニケーションの仕方を知っている者たちの持つ、聖職者に匹敵する能力に対しての、崇敬の念に満ちていた。そこにあったのは、白衣が持つ権威と「なるほど」体験だけだった。第二の波は、その聖職者たちが、世俗的で不敬で、それほど神聖ではないことを発見した。それは、実験者の悪循環のようなことから帰結することだった。つまり、もし、ある科学者の出した実験結果を評価するさいに、評価の主要部分をなしているのが、その科学者自身についての評価であるならば、そこで、自然の評価のための言語だけでなく、人間の評価のための言語が使われることは避けられないわけであり、その言語はいつも穏当なものとは限らないだろう。

そのような科学者たちの世界の有様について論じることは、「科学」として特定できる、一連の独立した特別な実践や価値観が存在するという考え方に固執しているうちは、簡単ではない。従来の科学についての記述と、第二の波が発見した科学の姿との間の見かけ上の衝突が、「沈静化」するまでには長い時間が必要だった。第二の波の支持者たちによる科学の記述は、しばしば、科学者以外の人たちからでさえ、科学に対する攻撃と解釈されたが、それも不思議なことではなかった。[*53] 数十年たってはじめて、科学論の研究者と科学者たちは、科学の素晴らしさを認め、科学が役に立つことを認めながら、いかにして科学を正確に記述するかという問題に取り組み始めている。習得すべき研究のこつは、科学についてのおとぎ話を語らないで科学を特別なものとして扱うことである。それが、科学論の「第三の波」と呼ばれるプロジェクトである。

科学者たちの世界の正確な姿を認めながら、矛盾なく、科学の特別性を認めるための一つの方法が、科学実践者の技能や経験や専門知を記述し分析することであり、それこそが、本書の議論を導いてきたものである。聖職者たちの冒瀆行為のショックを最小化するための、もう一つの、そしておそらく非常に重要な方法は、出された証拠を違った見方で捉え直してみることである。つまり、科学者たちは、彼らの活動の一つ一つを見れば、世俗的に行為しているが、それでも科学の精神自体は「神聖」であるとするのである。重要なのは、科学が何を目指しているかであって、その目的理念が、ほとんどの場合において、ほとんどの科学者の行為を導いているのであれば、科学論の第一の波のしていたことも、科学の規範や価値観の尊重という点において、それほど的外れではなかったことになる。そもそも、科学者たちがタバコ会社や石油会社に買収されて、会社の経済的利益に沿うように調整された実験結果を作り出していたことが発見されたときに、なぜ我々はひどく怒ったのだろうか。我々は、即座に、何かまずいことが起こっていることが分かったのだが、それは、とりもなおさず、我々が、科学がどうあるべきか、そして、現実にほとんどの場合どのようなものであるかを理解していたからに他ならない。これが政治の現場であったなら、圧力団体が企業の資金援助を受けていることは当たり前のことである——むしろ、それこそが政治的世界のあり方である。そして、もし、同じことが科学的世界のあり方として当然のことだと受け入れられるなどということになってしまったら、科学は消滅することになるだろう。この点については、第四章で改めて論じることにしたい。

クライメイトゲート事件が衝撃的だったのは、それが公衆にとっては、科学の世界の世俗性を見る初めての機会だったからであり、それを見た公衆は、この事件の科学者たちは例外的に悪い行為をしていると考えたのである――第二章で論じたように、公衆は自分たちが、気候調査研究所に関する「ローカルな」何かを見つけたと考えたのである。ある意味では、公衆が怒ったということは喜ばしいことである。つまり、ここでも再び、公衆は、科学がどのようなものであるべきかを理解していたことが分かるからだ。しかし、科学論の第二の波を知っている者は、気候科学者たちの行為が例外的なものではないことを分かっていた――この事件で露わになったことは、決して特別なことでもローカルなことでもなく、科学という世界の全体で行われている「通常業務」に過ぎないのである。第二の波の人たちは、少なくともその一部の人たちは、多少の努力は必要だったが、この通常業務と伝統的な科学像の双方を矛盾なく認める術は、既に習得していたのである。

クライメイトゲート事件に関する間違った解釈やローカルな解釈の中には、悪意を伴ったものもあったことは述べておかねばならない。クライメイトゲート事件の諸々のメールは、――それらが、本質的には政治的活動であることから――科学的客観性からの逸脱と解釈されれば、気候変動懐疑論者を強力に利するものとなるからである。ここでの問題点――つまり、遠望が景色を美化するということ――を、「ターゲット型図表」（図３－１）で表してみた。この図は、――「標的中心部」に――仕事をしている科学者がいて、その仕事について議論したり評価したり報告したりする人々が、それを輪のように囲み、段々と遠巻きになっていく様子を表している。

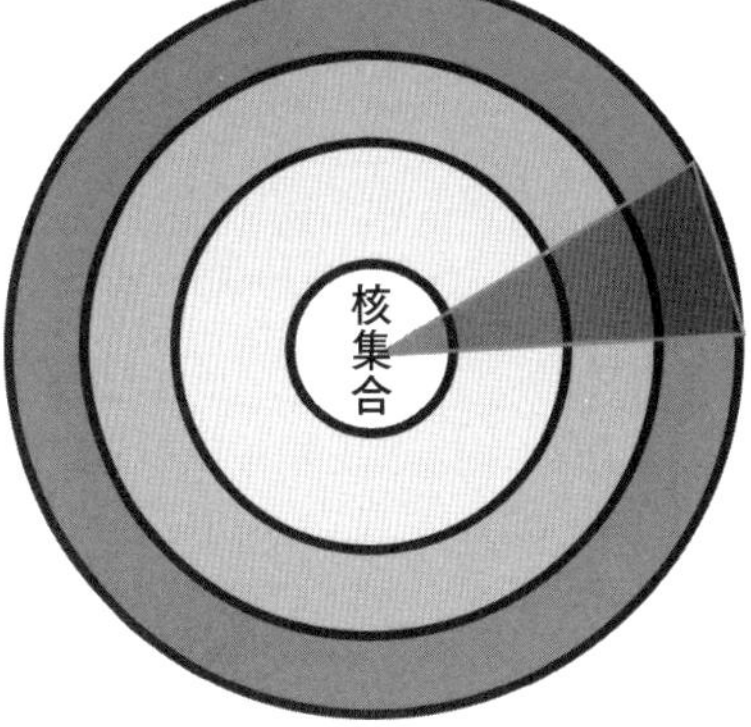

図 3–1：ターゲット型図表

あらゆる科学論争の中心部にあるのは、スペシャリストたちからなる「核集合」である――この人たちが、実際に実験をし、理論を構築し、学会などで集まって議論をしている。重力波検出のような分野の論争では、初期の段階において核集合をなす科学者の数は、五、六人以下である。しかし、重力波物理学の場合、そして、科学が重視される場合は常にそうであるが、核集合でなされたことは、外側の輪に報告され、そこで議論されることになる。外側の輪で議論しているのは、核集合の科学者の同僚の科学者が数百人程度、資金提供者や政策立案者、ジャーナリストなどであり、さらに一般大衆もある程度関与している。

重要なのは、核集合の内部で起こっていることは、ものすごく複雑だということである。一九七〇年代の初頭には、重力波が現実に検出されたのかどうかという論争に関わっていた科学者たちは、寝ている時間以外のほとんどを、計算、議論、測定、他の研究者たちの能力の判定等々に費やしていた。他に何をすることがあろうか。それこそが、人生をかけたプロフェッショナルの生活である。クライメイトゲート事件などは、うなるような羽音を響かせるミツバチの巣箱のほんの一部を後ろから覗いた姿に過ぎない――そもそも、そこで見えているのは、いくつかのメールくらいである。[32]

「スペシャリスト」であるということは、ミツバチの巣箱の中に、一日二十四時間いることに他ならない。そして、スペシャリストでないということは、巣箱の中にはいないということだ。もし、あなたが巣箱の外にいるのなら、ものごとが単純化されるのは避けられない。外部に向けられた情報発信チャンネルの「バンド幅」は、核集合の内部で起こっているとことのすべてについて細部を含んだ情報を送信するには狭すぎる。もし、情報のすべてを吸い出そうとすれば、それ自体が、一つのフルタイムの仕事になってしまうだろう。なぜなら、核集合の海の中を泳ぐためには、あなた自身が、プロフェッショナルか、準プロフェッショナルになっている必要があるからだ。結果的に、そうした外部を取り巻く輪においては、遠望が景色を美化することになる。逆説的なことだが、核集合の内部の者にとっては微妙で不明確なことが、外部の者にとっては、鮮明で明確なことになる。知識は、だいたい距離の「二乗に比例して」強力になっていく——奇妙なことに、知識は外部に行くに従って、不確実性がなくなり、急速に強力になっていくのだ。つまり、核の外部にいる人たちは、核で起こっていることについて、核の内部でその出来事を作っている人たちよりも、強い確信を持つことになるのである。[33] 外部の輪の人々は、肯定的な方向で深い確

(32)「核集合」の概念について、及び、その過程についての詳細な記述は Collins, 1985/1992 を参照せよ。
(33) ドナルド・マッケンジーはこのアイデアを継承して(例えば、Mackenzie, 1997)、外部の輪の中でも、資金提供者や政策立案者は、他と比べて不確実性についてよく知っているため、そこに「確実性の谷」が存在することを指摘している。

信を持っていることもあるが、異論（図で影にした扇形）がある場合、少数派意見の支持者は、否定的な立場について深い確信を持つことになる。中心ではとりとめのない疑念だったものが、距離が離れるにつれて、強く極端な確信へと変わっていく。このことは、例えば、気候温暖化懐疑論者と熱心な気候温暖化支持者の双方が、それぞれの立場について、どれだけ深く確信しているかを考えてみれば分かる。双方の立場の支持者たちは、発見されたことについて、それを発見した気候科学者たち自身よりも、ずっと深く確信している。科学者たちも、ある程度は自分の正しさを確信しているだろうが、彼らは、懐疑論者たちや熱狂的支持者たちのように、宗教的に近い確信を持ってはいない。そもそも、気候変動論のような粗雑な科学が、宗教に匹敵する確信を生み出せるはずはないのである。

繰り返しておくが、クライメイトゲート事件や、数十年にわたって社会学者たちが行ってきた科学実践の詳しい調査によって、我々は、科学の内部と外部の違いが、我々がかつて考えていたような違いではないということは分かっている。我々は、今や、核集合の内部の科学者たちの活動が、近づいて見てみれば、多くの点において、ごく一般的な活動であることを知っている。それ故、白衣を着た科学者の意見表明であれば何でも、科学的なことに限らず政策に関することでも、権威を持っていた一九五〇年代という時代には戻れないことは分かっている。我々は、科学者たちのする、科学についての意見表明ですら、もう権威を持っていないことも、民主的な政治が常に科学的結論を打ち負かしていることも知っている。我々は、人々が科学の各プロセスについてよく知っている方がいいということも、人々が様々な科学的結論が生活に与える影響について理解している方がいいということも分かっている。しかし、それでも、科学の内部と外部には、次の二つの点において、重要な違いがあることを忘れてはならない。第一に、すでに説明したように、詳細な点や微妙なニュアンスは、すべて中央部に押し込められていて、外部にはそれが見えないようになっていること。第二に、そうした、押し込められた詳細と微妙なニュアンスによって、さらには、科学が〔元来〕持っている価値システムによって、核の内部には、外部と違った議論スタイルが存在するということである。

科学の持つ価値システムがしばしば無視されることを我々は知っているが、それでも、すでに論じたように、そして、結論部でまた取り上げることになるように、その価値システムは、科学の特別性の基盤となるものである。大雑把に言えば、核の内部では、ほとんどどの場合、問題についての集団的な真理が目指されるということだ。それ故、そこでいい仕事をしようと思うなら、人は、まず、反対者の立場を理解し、公平に反対者の立場になってみることに努めなければならない。もし、自分が正しいことについて、自分自身を説得するだけでなく、反対者をも説得したいのなら、それが必要なのである。反対者の立場から出発した議論をしてさえいれば、その人には、反対者を議論で説得できるかもしれないと望みうる根拠が、たとえ不確かで、時には頼りない根拠だったとしても、あることになる。そのようにして反対者を説得することは決して不可能ではないし、極端に稀な場合ではあるが、実際に、説得に成功することもある――それでも、まったくないよりはましであるし、それに向かって努力する価値はあるはずだ。[*54] 核の内部では、誰もが微妙なニュアンスや疑念について理解しているので、そのように他の人たちを説得することはまだ可能である。しかし、核の外部では、それは望めない。核の外部では、誰も詳細や疑念について十分に理解していないため、反対者を極端な立場から引き離すことができないからだ。だから、外部においては、意見の不一致は、論争にはならず、「キャンペーン合戦」になる。

キャンペーン合戦と論争の違いは、はっきりしていないように思えるが、そうではない。科学者たちは、敵方がルールに従ってゲームをするのをやめたときには、それに即座に気付き、それからは双方ともに、敵の議論を真面目に受け止める代わりに、敵を無視したり揶揄したりして、「観衆に向かって演技する」ようになる。その時点では、科学者は核の内部で議論しているのではなく、核の外部の観衆に向かって議論を演じているのである。こうなると、そこで起こっているのは、「科学戦争《サイエンス・ウォー》」であって、科学論争ではない。つまり、もし、「科学」と呼ばれる、特別な知識生産法を維持したいのであれば、ターゲット型図表の外部の輪の議論を真面目に捉えて、核内部での議論と混同してはいけない——それぞれの場所では、ものごとの適切な運び方がまったく違うのである。*55

すでに説明したように、クライメイトゲート事件を悪意なく誤解した人たちは、自分たちが、人間由来の気候変動説を推進する科学者たちの秘密を知ったと思い、それが暴露されたことで、その科学者たちは他の科学者たちよりも信頼できないことが分かったと考えた。彼らは、その政治的洞察を技術的結論へと「変成」させ、地球は人間活動によって温暖化していないとした。しかし、クライメイトゲート事件の科学者たちが特別に冒瀆的であったというのは間違いである。ここで私は、人間由来の温暖化説が正しいと言いたいのではない――私は本書で科学を遂行しているわけではないし、気候学について私は普通の市民と同程度の知識しか持っていない。ここで言いたいのは、クライメイトゲート事件は、人間由来の温暖化説が間違っていることを示すものではないし、疑わしいことすら示すものではないということだ。実は、クライメイトゲート事件は、温暖化説には、いかなる意味においても、何の影響も与えないのだ。

クライメイトゲート事件から得られる教訓は、もう一つあり、それは、他の場面でも広く役立つものである。（序章でも取り上げた）ジム・センセンブレナーの疑惑メールリストの最初の二つのメールを見てみてよう

ケビン・トレンバースより

現時点における温暖化の緩みについては、我々には説明できないというのが事実であり、説明できないということは滑稽な話だ。CERES〔環境に責任を持つ経済のための連合〕のデータを見ても、……さらに温暖化が進んでいなければいけない

はずなのだ。しかし、あのデータはもちろん間違っている。我々の観測システムは不正確なのだ。

フィル・ジョーンズより

今、マイクのネイチャー〔で使った〕トリックを使って、過去二〇年（つまり、一九八一年以降）のそれぞれの系列について、さらに、キースの出した系列は一九六一年以降について、実際の気温に上乗せし、気温下降を隠したところだ。

後の分析によって、これらのコメントは、一見してそう思われるような秘密の暴露に相当するものではないことが分かった。文章だけを見ると、最初のメールは、気候変動科学者が不適切で不正確なデータを流布させていることを示しているし、第二のメールは、温度の下降を隠すためにごまかしが行われたことを示しているように思われる。

トレンバースは、最初のメールについて次のように反応している。

私の場合、都合よく切り取られた一つのメールが、ウイルスのように拡散し、少なくとも、（グーグルで調べると）十万七千件以上のサイトで取り上げられることになった。引用された文章は次のものだ。「現時点における温暖化の緩みについては、我々には説明できないというのが事実であり、説明できないということは滑稽な話だ。」この一つの引用が、これほどまでに叩かれるのは意外だ。この文章は、今年に私が発表した論文からのもので、短期的な気候変動と関係するエネルギー流量を効果的に測定することができないと嘆いている文章である。人間由来の温室効果ガス排出と地球温暖化の関係について私が疑問をもっていないことは、その論文からも明らかであり、論文では、近年の気温は、短期的な自然変動という文脈で見ても普通ではないことを示唆してさえいる。[34]

第二のメールについては、文脈の中で解釈され、そこで登場する「トリック trick」という単語は、技術的な数値変換を「手際よくこなすこつ neat trick」について語るときに科学者がよく使う単語であることが分かった。また、「下降 decline」という言葉は、気温の

下降ではなく、年輪の減少を意味していることも分かった。(35)

このことから、文章だけで、その意味を理解することがいかに難しいかが分かる。言語が使用されるときはいつもそうであるが、単語の意味を知るためには、その単語が登場した文脈において、その単語が普段どのように使われているかを知っている必要がある。単語は数値とは違うのだ。もっとも、数値にしても、文脈から切り離されたときには、多義的にならないわけではない。つまり、クライメイトゲート事件の最初の二つのメールは、専門家コミュニティーのメンバーになることで得られるような暗黙知を持っていなければ、スペシャリストの判断を有効に使うのは難しいということを暗示しているのである。

集団的活動としての科学と暗黙知

スペシャリストのコミュニティーが、公開されたものであれ非公式ものであれ、文献の

(34) <http://www.cgd.ucar.edu/cas/Trenberth/website-archive/statement.html-moved.html> (accessed 28 February 2013).
(35) <http://www.skepticalscience.com/Mikes-Nature-trick-hide-the-decline.htm> (accessed 28 February 2013).

意味を理解することができるのは、多くの異なる要素からなる暗黙知のおかげである。それがどういうことかを理解するためには深いところから始めるのがいいだろう。すなわち、科学は集団的活動だということである。このことを理解するのは難しい。というのも科学は個人主義的な活動でもあるからだ。コミュニティーと対立する個人としての科学者が最終的には正しかったことが判明するという話は、我々の大好きな物語である。十六世紀に、ガリレオは、太陽中心説を普及し、カトリック教会と対決した。彼は、残りの生涯を、室内に軟禁されて過ごした。近年では、ことはもっと早く動くし、異端派に対する罰もそれほど激しくはない（火あぶりの刑などはもうメニューから外されている）ものの、ものごとは、大きく変われば変わるほど、本質においては、同じにとどまるものだ。一九八〇年代に、バリー・マーシャルとロビン・ウォレン[*56]が、胃潰瘍を引き起こす病原体について発表したときにも、彼らは医療専門家集団と対決することとなった。彼らの論文は査読を通してもらえず、懐疑的な医療コミュニティーを説得するのには数年を要した（彼らは二〇〇五年にノーベル賞を受賞している）。しかし、なぜ、我々が、そうした個人の嫌疑は晴れたと見なしているのかといえば、それは、彼らが発見したと信じたことが今や科学者たちの集団的見解になっているからなのである。つまり、我々みんなが確固たる真理として何を受け入れるかは、やはり、科学者コミュニティーによって決められるのである。素人の個人である我々は専門的な判断基準を持っておらず、マーシャルとウォレンが正しいか否かについて、どんなにゆっくりであろうと、科学者コミュニティーが仕事をこなしてくれないうちは、決定できない(36)。

いずれにせよ、科学の英雄は——そして、科学が科学でありつづけるためには英雄という個人は必要なのだが——、偉大なる発見者であり、日常的な判断を下すために、論争に満ちた領域の中で、自分の道を模索している一般人とは違う。スペシャリストでない者には、やがて時がくれば正しいことになるかもしれない異端派科学者と、専門的な知見に基づいて提携するなどという貢献ができるはずはない。異端派科学者は山ほどいて、彼らの一人を選んで提携しておくなどという行為は、ほとんど、ギャンブルに、それも、配当を得るまでの期間がものすごく長期にわたるギャンブルに近い行為である。一般の人にとっ

(36) 特別な場合においては、これとは違う種類の根拠が正当化されうることは後に論じる。

て、そんなギャンブルをすることには何の意味もない。スペシャリストにとっても、かなり信頼のおける情報源があるような場合――それは、科学の本質に関わることであるかもしれないし、異端派科学者の業績が不公正に扱われているという事実なのかもしれない――を除けば、そんなギャンブルをする意味はほとんどない。しかし、異端者について、スペシャリストなら多分知っていること、そして、一般の人々にとっては知るのが難しいことがある。それは、その異端者の仕事が、科学者コミュニティーにおいて、それまでどのように扱われてきたかという歴史である。

重力波コミュニティーにおける私自身の経験から、とても分かりやすい例をあげることができる。地上での重力波検出のパイオニアは、晩年のジョセフ・ウェーバーであり、彼は一般には、「ジョー・ウェッバー Joe Web[b]er」の名で知られている。ウェーバーは、最初にまともな検出器を作った人物であり、彼がいなかったら、間違いなく、現在あるような十億ドル規模の国際的研究はなかっただろう。一九六〇年代末から一九七〇年代初頭にかけて、ウェーバーは、比較的安価で感度の低い検出器で重力波を検出したと述べた。この結果は論争を巻き起こし、一九七五年頃にはすでに、ウェーバーは、重力波科学者のコミュニティーから信じられないようになっていた。[37] しかし、一九七五年以降も、ウェーバーは自説を発表し続けた。

一九九六年に、ウェーバーは『ヌオヴォ・チメント *Il Nuovo Cimento*』という物理学雑誌に論文を出し、二〇年前に彼自身が検出したと信じている重力波と、もう一つの奇妙な宇宙現象——ガンマ線バースト——との間に相関関係があると主張した。彼によると、その相関関係は、3・6σの統計的有意性のレベルで支持される——物理学で新発見がされるときに求められる5σのレベルではないが、大騒ぎを起こし、研究の方向性を変え、確認されたならばノーベル賞を取るのに十分なレベルである。

一九九六年に、重力波コミュニティーに十分に慣れていた私は、多くの物理学者に、最近のウェーバーの主張にどのように反応するかを尋ねることができた。そこで分かったのだが、驚いたことに、ウェーバーの論文を読んでいたのが、ウェーバー本人と編集者を除けば、私一人だけだったのだ。重力波物理学者の誰もウェーバーの論文を見てすらいな

(37) 実際に、より精度の高い検出器が数世代にもわたって新しく作られてきたが、ウェーバーが発見したと言った重力波はまだ見つかっていないということで意見は一致している。

かった。なぜなら、ジョー・ウェーバーの信頼性はとっくになくなっていたからだった。

ひょっとしたら、ウェーバーが正しくて、彼が昔検出した重力波は本物だったという可能性もないわけではない。その重力波は、何らかの局所的な強力な発生源によって発生したが、その後発生源が消えてしまったために、後のずっと感度のいい検出器でも検出されなくなってしまったのかも知れない。実は、ガンマ線バーストが天文学者や宇宙物理学者が考えるように、非常に遠い銀河での大爆発のしるしではなくて、比較的近くの重力波の発生源のしるしであって、それ故に、ウェーバーの検出した重力波は、ガンマ線バーストと相関関係にあるのかも知れない。すべては論理的に可能という話である。しかし、非スペシャリストがそのような主張を、いくつもの科学のスペシャリスト集団によって分かりやすく表現された見解に逆らってまで、支持することなどできるはずがない。スペシャリストたちはみんな、それらの可能性はすべて常軌を逸していると述べ、対話的専門知を持つ私にもその理由は分かる。主流派に逆らってウェーバーを支持することを正当化したいのであれば、非常に難解な知識を実際に持っているか、徒党を組んだ大きな陰謀の存在を明らかにでもしなければ不可能である。

ただ、ここで強調しておきたいのだが、外部の者にとっても、ジョー・ウェーバーの一九九六年の論文を読むことは可能であるし、そこから「一次資料知」——表2－1のスペシャリスト専門知の行の左から三番目のカテゴリー——を得ることはできる。約束してもいいが、素人読者であっても、統計学の初歩を多少勉強して、辛抱強く論文を読めば、その論文が完璧な説得力を持つものであることが分かるだろう。科学の論文というのは、完璧な説得力を持つように書かれているものなのである。なぜなら、科学論文で使われる特殊言語と特殊スタイルは、数世紀にわたって、それが説得力を持つものとして読まれるように発展してきているからである。ぜひ、その論文を読んでみてほしい。文献情報は以下の通りである：Weber, Joseph, and B. Radak. 1996. 'Search for Correlations of Gamma-Ray Bursts with Gravitational-Radiation Antenna Pulses'. *Il Nuovo Cimento* B9 1119 (6): 687–92.

ウェーバーの論文を、それが書かれているままに読んではいけないということが分かるためには、当該のスペシャリストコミュニティーの「口承文化」のメンバーになるしか方法はない。そうでなければ、読者は、科学者コミュニティーの合意事項としてこの論文は無視すべきとなっていることを知ることはできない。そして、そうでなければ、その論文を書いた先駆的科学者が、一九九六年に至るまで、多くの結果を公表してきたのに、すべて拒絶され、重力波研究の先駆者としての信頼性をゼロにまで落としていったことを理解することはできない。つまり、論文の中にはその理由を語るものは一切ないのだ。繰り返すが、そんなものがある訳がないのだ。なぜなら、――あくまで、可能性に過ぎないことであるが――ウェーバーは正しかったのかも知れないからである。しかし、部外者が、ウェーバーが正しい方に賭けるとしたら、それは常軌を逸している。この事例は非常に重要である。なぜなら、後に論じるように、似たような事例が手痛い結果をもたらすからである。

この事例から分かることは、表2－1のスペシャリスト専門知の行には、一次資料知と対話的専門知との間に大きな隔たりがあるということだ。重力波物理学の対話的専門知を持っている人は、ウェーバーの一九九六年の論文をどう扱ったらいいか分かっているが、対話的専門知を持っていない人には、その論文と他の重力波物理の論文の違いは分からない。つまり、一次資料知と対話的専門知との間の縦線は、本書全体において最も重要な区別を示しており、だから、表2－1では太く強調してあるのだ。

クライメイトゲート事件のメールに話を戻すと、そのメールが意味していることが分かるためには、少なくとも、対話的専門知を持っていなければならない。つまり、メールが意味することは、内部の人間にならなければ分からないのだ。奇妙なことに、この点は、内部の、少なくとも一部の人たちには見落とされている。マイク・ハルムとジェリー・ラベッツの意見を見てみよう。マイク・ハルムは、イースト・アングリア大学環境科学部の気候変動論の教授——つまり、クライメイトゲート事件の源——で、ジェリー・ラベッツは、科学者出身の、科学哲学者で科学社会学者である。彼らは、クライメイトゲート事件に反応して、科学者は「仕事を公開 show their working」すべきだと主張した。彼らは次のように述べている。「知識が妥当性を持つためには、主張の有効性に対して正当な利害関係を持つ市民を含めた拡大コミュニティーによる精査も受けなければならない。……二十一世紀というデジタルコミュニケーションと能動的市民の時代においては、科学的探究という実践そのものが公衆によって所有されるべきである。[38]」

(38) <http://news.bbc.co.uk/1/hi/8388485.stm> (accessed 12 March 2013).

しかし、科学者が「仕事を公開」することは不可能だし、科学が公衆によって所有されることも不可能である。なぜなら、科学が公衆によって所有されるためには、すべての人が、自分が利害関係を持つ科学の分野すべてにおいて、少なくとも対話的専門家になっている必要があり、対話的専門家になるためには、徒弟制を経なければならないからだ。そして、既に説明したように、核集合で起こっている膨大な量の活動を、実際にその中で生活していない者に対し、「公開」することは不可能である。その中で実際に生活してみない限り、ジャーナル論文の公刊や研究資金の分配のための、彼ら自慢のピアレビュー・プロセスを含んだ科学的判定において、ある科学者の研究についての判定だけでなく、その科学者自身についての判定も重要であることは理解できない。公開されるべき科学者の「仕事」には、例えば、一九九六年のウェーバーの『ヌオヴォ・チメント *Nuovo Cimento*』の論文が読まれなかったのは、その時点で科学者たちがウェーバーを無視すると決めていたことが理由だったという事実のようなものも含まれねばならないだろう。科学の論理は決して閉じていない――いかなることも可能ではある――ので、もし、科学がとにかく仕事を進めていかねばならないとしたら、「現実的に」適切なものに導かれて進まねばならない。[*57] ウェーバーの一九九六年の論文は、ひょっとしたら正しかったのかも知れないが、現実的には、それは、紙に印刷された時点で死んでいたのである。このことを、すべての人が納得するような説得力ある仕方で「公開」するのは難しいが、専門家たち――つまり、当該分野の科学者たちと科学というプロセスを理解している社会学者たち――には、理解してもらうことができる。このような種類の知識は、実践的に非常に重要である。

その実践的重要性を示す好例となってしまったのが、不幸なことだが、南アフリカにおける抗レトロウイルス薬をめぐる悲劇である。抗レトロウイルス薬は、妊婦から胎児へのＨＩＶ感染を防げるかもしれないと言われていたのだが、南アフリカ政府は、それを、特定の集団、特に妊婦に対して配布しないという決定をした。タボ・ムベキ大統領[*58]はこの決定を正当化するために議会で演説をした。一九九九年の大統領の上院における演説である。

数ある中でも、この薬［抗レトロウイルス薬ＡＺＴ］[*59]の毒性が健康に深刻な害を及ぼすものであることを主張する科学論文が多く存在する。……この問題をよりよく理解するために、私は、国家評議会の名誉会員たちに、インターネット上で手に入る本問題に関する膨大な論文を参照することを勧めたい。そうすれば、我々は、みんな、共通の情報的土台の上でこの問題を考えることができるようになる。

ムベキ大統領は正しかったし、「仕事を公開」してもいる。ただ、彼が分かっていなかったのは、あるいは、意図的に曖昧にしたのは、指定された資料は、ウェーバー的な立場の科学者たちによって、つまり、すでに主流派のジャーナルでは主張を公表できない立場の科学者たちによって、公表されたものだったということだ。かつて、AZTの有効性に関する深刻な科学論争があったのだが、その論争は、「現実的には」すでに終わっていた。[*60] しかし、そのことを分かるためには、ジャーナルを読むこと以上の何かが必要である――つまり、AZTの危険性や効能のなさについて意見を公表していた科学者たちが軽んじられていったプロセスについて理解していることが必要なのである。その軽んじられていった科学者の中には、おそらく論争全体において最も著名で経験のある科学者、ピーター・デュースバーグ[*61]やノーベル賞受賞者のキャリー・マリス[*62]も含まれていた。こうした科学者たちは、その名声や業績にもかかわらず、ムベキの演説の時点では、科学者コミュニティーの主流においては無視されていた。その時点で起こっていたのは、本物の科学論争ではなく、偽の科学論争とでも呼ぶべきものだったのだ。このような事例の場合、本当に正しいのは誰かという問題を解決できるのは、時間のみ、それもかなり長い時間のみであるが[*63]、適切な判断をするために、あるいは、最善の判断をするために必要なのは、科学における社会的プロセスのあり方について知り、個々のケースにおいて、そのプロセスがどこに働いているかを知ることである。それ以上にできることは何もない[*64]。

　ムベキ大統領は、偽の科学論争を本物の科学論争として示すことによって、実は、南アフリカの政治的プロセスを無力化してしまったのである。一般の人々が、大統領に対抗して、そこに本当の科学論争など存在しないと証明するのは不可能である。つまり、そこには、国民が参加できる政治は存在していない——国民は、ムベキ大統領によって提示された科学による評決に従うことしかできなかった。ムベキ大統領にはその資格が十分にあったのだから、次のように述べるべきであった。すなわち、主流派の科学者コミュニティーでは、ＡＺＴは数万人の胎児を母親からのＨＩＶ感染から救うと信じられているが、南アフリカは貧困国でＡＺＴを買う十分な資金もなく、西洋の医薬業界の言いなりになることも本意でなく、また、性的に無秩序で病気に支配された国というイメージが広まることも望ましくない、だから、政府はAZTを配布しないことを選択した、と。そうすれば、国民は、投票箱を通じて〔選挙によって〕、この政治的選択に対する意見を表明する機会を持つことができただろう。つまり、従来通り、選択は国民に委ねられただろう。

結果的に、妊婦にAZTを配布しないという選択によって、防げたはずの数万件のHIV感染が生み出されたと言われている。しかし、もし、このような特殊な一つの事件すら起きていなかったとしたら、議論はまだ続いていただろう。一九九九年において、本物の科学論争は存在しなかったし、最善の決断のためには、AZTは効能ある、比較的毒性のない薬だという、流通していた科学的見解を考慮するべきだった。もちろん、その科学的見解を政策立案者は盲目的に信じてはいけないが、考慮には入れるべきであったし、公平に提示されるべきであった[39]。

本章の結論は、科学における日々の活動のほとんどは世俗的に見えるとしても、そして、科学者たちがお互いに議論するときに使う言葉が一般の人々の使う言葉と同じようなものだと分かったとしても、そこで、市民は懐疑的になりすぎてはいけないということだ。科学がそのようなものだからといって、科学者の持つ志が一般の人々の持つ志と大差ないことにはならないのだし、科学者の判断が、政治と同様に、自分の利益のためだけに行われ、確固とした真理の発見には向かっていないということにはならない。ただ、確固とした真理を発見するためには、一般的に見える論争への脱線が必要なだけである。それとは逆に、論争が一般的でないように〔つまり、専門的に〕見える場合——例えば、専門的ジャーナルに載っている異端的主張が、外部から見て、他の科学的主張と識別できないような場合——、そこで重要となるのが科学者コミュニティーの持つスペシャリスト的な能力である。その能力とは、異端的主張が信頼性という点でどのように位置づけられているかが分かる能力のことである。皮肉なことに、ある主張が異端的主張かどうかを判別するためには、科学者たちは、一般的に見える論争に依拠せざるをえない。しかし、それは、「一般的に見えるスペシャリスト的論争」なのであり、一般市民がそれを理解することはできない。つま

(39) ムベキ事件についての私の理解のほとんどは、マーティン・ワイネルとの議論や彼の業績によっている。Collins and Weinel, 2011; Weinel, 2008, 2009, 2010, 2012 を参照せよ。Nattrass, 2007 も重要である。

り、科学者コミュニティーの内部で起こっていることについて、一般市民が判断を下そうとすることは、その判断がどうしても離れたところからのものになってしまうが故に、そして、外部における極端な立場からのものになってしまうことが避けられないが故に、非常に危険なのである。

第四章——市民の警笛鳴らし

　これまで論じてきた事例においては、一般の人々は、専門的判断ができる立場にはいないと主張してきた。さらに言えば、一般の人々は、科学における社会的プロセスについて健全な判断ができる立場にもいない。どちらの判断にも、少なくとも対話的専門知が必要であり、一般の人々はそれを持っていないからだ。しかし、一般の人々にも可能な実質的判断はある。それは、表2－1の「メタ専門知」の行の左側の部分に関係している。つまり、適切に遂行されたローカルな差別化による判断である。

「警笛鳴らし」[*65]として知られる行為が、この種のメタ専門知の使い方の具体例となる。

非スペシャリストが、ローカルな状況について詳しい知を持っていて、通常の科学的プロセスが歪められていることが分かる場合がある。それが分かるためには、科学のスペシャリスト的知識は必要なく、科学がどのようなものかについてのごく一般的な知識があれば十分である。例えば、タバコ会社から膨大な助成金を受けている科学者が学会に参加してタバコと癌の繋がりについて疑念を提示していることを発見するためには、一般的知識があれば十分である。一般的知識があれば、ムベキ大統領が、意図的か否かは別として、引き起こしたのと同じタイプの論争、つまり偽の科学論争を、タバコ会社が作り出そうとしていることは理解できるはずだ(40)。このような場面が、ローカルな差別化が正当かつ有効に行使される場面であり、科学の専門家でない者が、変成的専門知——非科学的方法によって作り出された、科学に関する専門知——を作り出せる場面である。もちろん、ここでも、クライメイトゲート事件に関してなされたような誤った解釈をしないように慎重であらねばならない。つまり、通常の科学的プロセスを、歪んだ科学的プロセスだと誤解しないように気を付けねばならない。クライメイトゲート事件のような事例は、科学論の第一の波の理想化された科学モデルと比べてしまっているから、歪んでいるように見えるだけである。ただ、そのことに関して慎重になることによって、科学者がお金をもらって特定の結論を作り出しているのを市民は見抜くことができないなどということにはならない。[*66]

ワクチン反対論者

専門知の詳しい分析を踏まえて、ワクチン反対運動家——国家によるワクチン接種政策に対して反対運動をする者——について考えてみたい。まず、彼らが「デフォルト専門家」ではないということ——つまり、ワクチン接種に関する実質的専門知が存在しないわけではないということ——は前提としよう。さらに、ワクチン接種によって、例えば、西洋諸国で天然痘やポリオが撲滅されたこと、そして、ナイジェリアの一部のように経口生ポリオワクチンの接種を拒絶する場所では、いまだにポリオが流行していることも前提としよう。我々は、少なくとも一部のワクチン反対論者が、天然痘やポリオが撲滅されたの

(40) Weinel, 2010; Michaels, 2008; Oreskes and Conway, 2010.

はワクチン接種の成果ではなく、衛生水準が高くなったためだと考えていることを知っている。そして、病気に罹り、病気と闘って、病気を追い出すという自然的過程の方が、その病気から逃げようとするよりもよい対策だと考える者もいることを知っている。しかし、どこかに議論の出発点は設定しなければならない。その「どこか」が、うまく機能したワクチンもあり、ワクチン科学にある程度の実質的意義があるという前提と、特定のワクチンの使用を奨励することが悪いことである可能性はあるが、病気と闘うためにワクチンを使うこと自体は悪いことではないという前提である。これらの前提を出発点とすれば、最近の論争を考察することができる。

一九九〇年代末から二〇〇〇年代初頭にかけて、おたふく風邪、はしか、風疹の混合ワクチン（MMRワクチン）[*67]に対する反対運動がイギリスで起こった。運動は、ワクチン接種全般に反対するものではなく、反対運動の端緒となった人物は、混合ワクチンには反対したが、個別のワクチンによる療法については継続を推奨していた。その人物とは、医者で医療研究者でもあった、アンドリュー・ウェイクフィールドである。彼は、数人の自閉症の子供を検査したら、彼らの腸内に、はしかウイルスが発見されたと述べた。一九九八年の記者会見で、ウェイクフィールドは、MMRワクチンが自閉症の原因になっている可能性があると主張し、MMR混合ワクチンではなく、一種ずつ分けて三つのワクチンを接種することを推奨した。この主張に報道陣が目をつけ、MMRワクチン接種直後に子供が自閉症の最初の症状を示したと述べる親たちについて大々的に報道した。新聞では、この親たちの話と疫学者の報告が「比較検討」された。疫学者の報告では、MMRワクチンを新規に導入した国において自閉症率の増加は見られないため、MMRワクチンと自閉症との間の相関関係を示す証拠はないとされていた。それでも、MMRワクチンへの反対の機運は高まり、単独接種のはしかワクチンとMMR混合接種のはしかワクチンの影響に違いがあることが証明されていないにもかかわらず、経済的に余裕のある親たちは、お金を払って単独ワクチン接種をし始めた。社会科学コミュニティーの中には、この件に関してより詳しく調査するべきだと要請した者もいたが、野党だった保守党の議員は、「親たちの選択の権利」を擁護し、ワクチン専門家が単独接種では効果が薄れるとしたにもかかわらず、労働党政府に、MMRワクチン接種をやめて単独ワクチン接種を提供するよう要請した。政府は断固として拒否したが、この反対運動によって、イギリスでは、はしかの小規模の流行が起こるまでに至った。つまり、はしかワクチン接種率が一定レベルより低くなったことにより、集団免疫が影響を受けたのである。今でも、少数の子供たちが、はしかによって死亡したり、後遺症を患ったりしていて、その一方で、自閉症の発症率は変化していない。[41]後になって、ウェイクフィールドが、単独ワクチン接種への移行によって利益を得る企業から資金を得ていたことや、証拠事例を集めるさいに倫理的手続きを逸脱していたことが分かった。[42]しかし、このように後になって暴露されることは気にしないでおこう――タボ・ムベキ大統領の事例でも同様であるが、本件でも我々は、こうした愚者の後知恵には特に興味はない。ことが起こったあとで知恵を出すなどということは誰にでもできる。問題は、この反対運動が起こったときに、それがいかなる専門知に基づいていたかである。

ここで私は自分自身の専門知を発揮しなければならない。それは、表2－1でメタ専門知の行の左から四番目のカテゴリーにあたる「下向きの差別化」である。下向きの差別化の使用は慎重さを要するが、先にも示したように、「ある間違いを犯しているグループがその間違いを認めていないときに、下位の専門家でも、それを間違いだと認めることができきる場合がある。」思い出される事例としては、遺伝子組換え作物の会議において、遺伝子操作実験に使われる遺伝子マーカーが放射能を持っていることによって商品となる作物も放射能を持ってしまうと考えていた反対論者の例がある。私の所持する能力を証明するものは、自分の専門分野において統計的分析を伴った実験を遂行するのに十分な科学分野の訓練（統計的分析を伴った大規模なイミテーション・ゲーム研究[*68]に関して欧州研究会議の上級助成金を二二六万ユーロ獲得している）であり、加えて、重力波物理学――これも統計的分析を伴った科学である――における対話的専門知も持ち、社会学者として科学の様々な分野における多くの論争を知っている。従って、私には、次のように述べる資格は十分にある。つまり、五、六人の自閉症の子供の腸内に、はしかウイルスが見つかったと

（41）二〇一三年の春、私がこの本を書いている場所から四〇マイルしか離れていない、スウォンジーと西ウェールズにおいて、はしかの流行が急速に拡大した。

（42）<http://en.wikipedia.org/wiki/MMR_vaccine_controversy>; <http://news.bbc.co.uk/1/hi/health/1808956.stm> (accessed 12 March 2013). ここでは、読者の参照のためにインターネットを引用しているが、私の説明自体は、本事件で私自身がした実際の経験に基づいたものである。

いう観察は、MMRワクチン接種と自閉症が関係することの証拠にはならない。実際に、継続された調査も、MMRワクチン接種と自閉症との間に、何であれ関係があることを証明するには至らなかった。その観察は、何についての証拠にもならないだろうが、もし、仮に、非常に小さいレベルであれ何かを示しているとしたら、それは、はしかウイルスと自閉症との関係であって、MMRワクチン接種と自閉症との関係ではない。その時点において明らかに奇妙だったのは、それにも関わらず、ウェイクフィールドが、単独のはしかワクチン接種を推奨し続けたことだ。報道における、親たちと疫学者の見解を「比較検討」した報告は、偽の科学論争に導くもので、おそらく、科学を理解する意欲も能力もないジャーナリストが一つの物語を欲しがったため発生したものである。ウェイクフィールドの側に科学などはまったくなく、この事件は、新聞報道の歴史における恥ずべき事件であった。[69]

子供がMMRワクチン接種の結果として自閉症になったと報告する親たちに対しては、同情の余地はある。一般の人々に対し、初歩的なものであれ関連する統計学の理解を望むことはできない。親たちが見たのは、自分の子供がMMRワクチン接種を受けて、その直後に自閉症の症状を示したという、衝撃的で恐ろしい出来事の継起であり、彼らにはそれは、避けがたい論理によって関係していると思えたはずだ。悲劇に直面すると、人はみんな、その原因を探す。時には、自分が過去に犯した間違いに神様が罰を与えていると考えるに至ることだってある。どうして、親たちが、ワクチン接種が自閉症の原因になったと考えずにいられようか。そのように考えてしまいたくなる心理的圧力は抗いがたいものだったろう。しかし、冷静に分析すれば、これは典型的な事例で、MMRワクチン接種が推奨される年齢は、自閉症の症状が発症することの多い年齢でもあり、そうだとすれば、いくつもの事例において、ワクチン接種直後に自閉症の発症が見られるのは、統計的には当然のことなのだ。おそらく、同じ程度の頻度で、自閉症の発症の直後にワクチン接種の申し込みを行っている事例があるだろうが、ワクチン接種が自閉症の原因になったとは誰もが考えるだろうが、自閉症がワクチン接種申し込みの原因になったとは誰も考えないだろう。このように考えると、一人一人の個人においては、証拠だと思い込まれたものが、いかに強い力を持つかが理解できる。それに対抗できるのは、辛抱強い研究によって、ワクチン接種と自閉症の繋がりがないことを示した疫学的分析だけである。新聞が、疫学的分析と親たちの経験という二つの形態の証拠を「比較検討」して提示したことが、いかに間違った扱い方であるかが分かるだろう。

しかし、もちろん、私にしても、ただ有名な科学ジャーナルで読んだことを報告しているだけである。私は疫学者ではないので、他の人に聞いたことを報告することしかできない。私が遂行した、下向きの差別化が、乏しい専門知に基づいていたために、それが間違っている可能性はもちろんある。ひょっとしたら私は間違っていて、ＭＭＲワクチンが安全だという報告や疫学的な証拠が、自分たちの利益を維持しようとする医薬業界の謀略によって、（あるいは、ナイジェリアのポリオワクチン反対運動のときに信じられていたように、意図的に子供の健康を害そうとしている邪悪な組織の謀略によって）捏造されたものなのかもしれない。つまり、疑念を抱いたジャーナリズムがタバコ会社の事件で発見したのと同じような事例なのかもしれない。[*70]

重要なことは、ここで我々に残された手段は、謀略を暴くことだけだという点だ。いくら多くの親たちがワクチン接種の危険性の証拠を目の前で見たと思っていたとしても、彼らは間違っている。このような場合において我々が使用できるのは、メタ専門知だけである。では、ここで、どのようなメタ専門知を使えるだろうか。ユビキタスな差別化――例えば、医者や疫学者などの目つきを見て不誠実さを見抜くような能力――だろうか。そのような差別化は、ここでのような重大な決断の基盤としては、まったく信頼に値しないので、期待はしないほうがいい。

ワクチン接種というのは深刻な案件である。それは、ワクチンを接種した子供の親だけに関わることではなく、その子供や孫だけに関わることではない。ワクチン接種の問題は、私やあなたの子供に関係する問題なのである。女優のジェニー・マッカーシーが、自閉症の子供を育てた自身の個人的経験と、自身の持つ知名度とを使って、ワクチンが危険であると他の親たちを説得しているとき、彼女は、自分の子供に影響を与えているだけでなく、我々の子供や孫たちにも影響を与えているのである。ワクチンが最も効果を発揮するのは、西洋社会において天然痘やポリオが撲滅されたときのように、結果的に、集団免疫が実現され、病気が撲滅されたときである。しかし、集団免疫を実現するためには、ワクチン接種率がある程度高い率に――はしかの場合だと九〇パーセント程度に――保たれる必要がある。ワクチン反対運動家が、親たちに、ワクチン接種をしないように説得しているとき、彼らは、あなたの子供を将来的に、はしかの流行――あるいは、百日咳やポリオの流行――に晒すように説得しているのである。私は子供の頃の記憶でポリオという病気を覚えているが、それは恐ろしい病気だ。八歳の時に、学校では、たびたび、公共の水泳プールに近づいてはいけないと警告を受けた。そうした病気による被害を最も受けやすいのは誰だろうか。それは、人の密集した状態で生活している、貧しく、栄養状態の悪い子供たちである。なぜなら、彼らの生活状況においては病気が感染しやすく、彼らの身体は病気に罹ったときに病気と闘えるほど強くないからである。加えて、病気や移植手術などによって免疫システムが害されている子供たちも被害を受けやすい。では、メディアにおけるワクチン反対運動に最も熱心に取り組んでいるのは誰だろうか。それは、中産階級と「情報通」たちである。ワクチン反対運動は、その運動が本物の危険性に基づくものでないならば、民主主義が機能している好例などではない。もちろん、お金と権力を持つものが貧しく弱いものを隠密裏に虐げることが民主主義だというのであれば別であるが。

それでは、どのようにしたら、我々は、そうした反対運動が本物の危険性に基づいているか否かを判定することができるだろうか。我々は、運動家たちの述べる、専門的な主張は一言たりとも真面目に受け取ってはいけない——彼らは専門的主張の基盤をまったく持ってはいないからだ。我々は、自分自身のメタ専門知を使って、運動家たちが、本物の謀略を暴くのにふさわしいやり方で、根拠となる情報を提示しているかを問わねばならない。ワクチン反対運動家たちは、タバコ会社の事件のときのように、本物の謀略を暴くのにふさわしい辛抱強い仕事をしたのだろうか。そして、そのように辛抱強い仕事をしたことを彼らは証明できるだろうか。次の引用を見てほしい。

二〇〇八年の四月、CNNのラリー・キングが司会をする、ワクチン‐自閉症「論争」についての番組に、ジェニー・マッカーシーが招かれた。彼女は、「自閉症患者のママ」として有名な女優で、息子のエヴァンズの自閉症からの「回復」を描いた著書の宣伝をしていた。マッカーシーは、キングに、自分は毎週末に、自分と同じ経験を持つ数千人の母親たちと話していると述べた。「家に帰ったら、息子が熱を出していた。息子はしゃべらなくなった。そして、彼は自閉症になった。」マッカーシーは力説した。「もうそろそろ、自分の子供たちがワクチン接種後に自閉症になったのを見てきた親たちの話を聞いたほうがいい。」なぜなら、「親たちの逸話的な情報は、科学的根拠をもった情報なのだから。[43]」

しかし、この種の逸話的な証拠というのは、科学的根拠を持つ情報ではなく、せいぜいのところ、独立的なデータの束に過ぎず、他のデータと併せて分析されなければ何の意味も持たない。[44]ジェニー・マッカーシーと彼女の仲間たちは、もし本気であれば、謀略を追及すべく辛抱強い調査をしなければならない。ここが、ハルムとラベッツの主張が登場してくる場面である。疑惑を追うジャーナリストが仕事を公開するように、謀略追及者は仕事が終わったなら、「仕事を公開」しなければならない。謀略追及という仕事は、我々が理解できる仕事である。なぜなら、それはスペシャリストのコミュニティーにしかできない特権的なことではなく、我々が日常生活で賄賂に気付くときなどに使う差別化に近いものだからだ。とはいえ、その仕事は、科学内部のやり方、つまり、真理が探究されるときのやり方で行われねばならず、科学外部のやり方、つまり、極端な立場同士のキャンペーン合戦というやり方で行われてはならない。つまり、謀略追及者は、医者や疫学者の汚職をどのように暴いたのかを示さねばならず、さらに、それを、反対者を納得させる（ことが可能な）やり方で示さねばならない。はじめから信じることを決めているような人たちを納得させるだけではだめなのである。それは、最高度の水準でなされるべき責務である。さもなければ、我々の子供や孫たちの健康に対する攻撃を、そして、特に貧しい者や不遇の者に危害を与える攻撃を、正当な理由なきまま許すことになるからである。つまり、必要なのは、ウォーターゲート疑惑追及と同じものであり、いかに感情に訴える説得力があろうが、一人の親が感じる確実性ではないのである。

（43）Gross, 2009.

（44）Davies et al.,2002によれば、ほとんどすべての（ワクチン反対運動の）陣営は、「敵か味方か」手法を採用していて、そこでは医者と科学者は、「ワクチン『詐欺』によって儲けている自発的陰謀者か、もしくは、陰に隠れたワクチン企業連合の『手先』」に類別されている。ワクチンについての親たちの直観的見解が、「冷徹で分析的な科学」よりも高く位置づけられているのである（L. Gross, 2009での引用より）。

結論——我々みんなが専門家なのか？

本書では、専門知の領域を、一般市民に割り当てられる仕方に応じて、デフォルト専門知、ユビキタス専門知、スペシャリスト専門知、メタ専門知の四つのカテゴリーに分けた。ここで、それぞれについて何が述べられたかをまとめることができる。デフォルト専門知という考え方は、我々みんなを専門家として扱うという最も魅惑的な状況をもたらし、その状況について答えるのは最も難しいため、最後に残して論じることにしたい。

ユビキタス専門知

我々みんなが専門家だと言うことはできる。なぜなら、我々はみんな、膨大なユビキタス専門知——自分の社会で生きるために使われる専門知——を習得しているからである。ユビキタス専門知は、専門知の分析において、最も見落とされやすいものであるが、人間のように行為するコンピュータを作るための試行錯誤の中で再発見されてきている。しかし、科学論争における判断形成に関しては、ユビキタス専門知は、健全なる判断のために使えるものではない。ユビキタス専門知を使った文献読解は、我々を深い知識を得ているような気にさせるが、それは幻想である。なぜなら、我々はその文献のどの部分を真面目に捉えるべきかとか、どの部分を無視すべきかということについてはまったく分からないからである。それを分かるためには、対話的専門知が必要である。

スペシャリスト専門知

スペシャリスト専門家の中で、あまり知られていない小さなグループをなしているのが、

「特殊対話的専門家」[*71]である。それは、スペシャリストのコミュニティーの専門知を完全には共有しないままで、コミュニティーの会話の中に入り浸るという特殊な役割をこなすなかで対話的専門知を獲得した者のことである。つまりは、本書の著者のような者のことだ。本書の議論から分かるように、そうした専門家は、科学論争に寄与する専門家として新しく発見されたものである。科学技術に関しては、その種の専門家のほとんどは、おそらく、科学ライターやレベルの高い科学ジャーナリストをしている。ただ、少なくとも、イギリスのマスメディアでは、科学について著述をするジャーナリストの中に対話的専門家は驚くほど少数しかいない。おそらく、最も多くの対話的専門家がいるのは経済学の分野だが、他方で、新聞における科学ジャーナリズムの大多数が健康についてのものであるにも関わらず、MMRワクチン反対運動から分かるように、健康の分野に貢献する対話的専門家はほとんどいない。

生活のために仕事をしている人のほとんどすべてが、なんらかのスペシャリスト専門知を持っている。その専門知は、その人がスペシャリストとして仕事をするなかで経てきた訓練や経験に関連するものである。その意味で、我々みんなが専門家だと言うこともできる。しかし、これは、「我々みんなが科学の専門家である」という主張の正当な根拠にはならない。チェルノブイリ事故後のカンブリア地方の降灰の事例における牧羊農夫や、除草剤2,4,5-Tの噴霧における農場作業員のような人たちもいる。彼らは、一般的には、素人に分類されるが、自分たちの仕事を通じて、技術的な有効性を持つ実質的な、ある種の専門知を獲得していた。そのような専門知が関連する場合には、彼らのような専門家は、スペシャリストの論争に加わることができるし、加わるべきである。かつて、資格や公式な教育が重視されるあまりに、彼らのような専門家が議論から排除されていたことは恥ずべきことである。しかし、スペシャリスト専門知を獲得している時点で、すでに彼らは一般の人々ではないし、もちろん、「我々みんな」ではない。彼らのような専門家はそれほど多くいるわけではない――彼らは、種類は違うがエリートであることには変わりないのである。慢性病に罹っている人が、自分の病気の専門家になる場合もある。エイズ活動家による抗レトロウイルス薬の二重盲検試験に対する反対運動の事例では、活動家たちは、また違った種類の興味深いグループを形成した。彼らは、標準的な医薬検査体制に反対して論争するに従って、徐々に専門知を得ていき、最終的には、彼らの深い理解は、医療研究者に尊敬されるまでになった。つまり、熱心かつ長期にわたる活動家という、もう一つのグループを、対話的専門知を獲得する可能性のあるグループに加えることができるだろう。まれにではあるが、そのグループの専門知は、貢献的専門知のレベルに達する場合すらある。

ほとんどの場合、我々は、活動家というものの扱い方を間違えている。知識をインターネットから得ている活動家は危険であり、一次資料を独学で読んで知識を得ている活動家も危険である。それらの活動家は、「一次資料知」を得た素人なのであるが、彼らは、自分が科学における本物の専門知を獲得したような思い込みをどうしても持ってしまう。しかし、そうした思い込みを持つ持たないに関係なく、彼らは、貢献的専門家の会話コミュニティーに参加することで得られる、対話的専門知や「スペシャリスト的なメタ専門知」を持ってはいない。この区別を混同することによって起こる悲劇の一例が、ＡＺＴを配布しないことに関するタボ・ムベキ大統領の主張である。また、南アフリカの事例よりも規模は小さい悲劇であるが、潜在的にはそれに匹敵する悲惨さを持つのが、ワクチン反対運動の事例である――ワクチン反対運動が、自分たちが専門知識を所持しているという運動家たちの思い込みに基づいている限りはそうである。ワクチン反対運動に起因する死者や障害者の数は現段階では、数百人程度であり、それほど多くはないものの、本書の読者のほとんどにとっては、南アフリカの事例よりは身近なことである。たった一人の子供がポリオにかかることも、たった一人の子供が、防げたはずの、はしか感染によって死亡したり後遺症を患ったりすることも、その子供と家族にとっては、これ以上にない大きな悲劇なのである。

メタ専門知

しかし、ワクチン反対運動は本当に根拠のないものなのだろうか。運動家が各々の事例を議論できるだけの専門知識を持っていなかったとしても、関連するメタ専門知を持っている可能性はある。まずは、我々すべてが持っているメタ専門知――ユビキタスなメタ専門知――から始めよう。この専門知は、政治家やセールスマンを、その人の物腰や返答の仕方などを参考に、選択するときに必要なものである。ハルムとラベッツが次のように述べているときに言及しているのはこの専門知である。「公衆は放射線物理学を理解することはできないかも知れないが、論争を理解することはできるだろう。公衆は、流体力学を数学を使って記述することはできないかも知れないが、意図的に不明瞭な言い逃れがされたときには分かるだろう。[45]」意図的にされた不明瞭な言い逃れに気付くというのは、ユビキタスなメタ専門知の一つの要素である。

とはいえ、本当に我々は、ユビキタスなメタ専門知を、根絶された病気を再興させて次世代に害を与えるかもしれないような運動を正当化するのに十分な基盤として、信じてもいいのだろうか。どうしてそのような考えが出てくるかと問うならば、イギリスを見てみよ。専門家が、死刑による犯罪抑止効果はないと何度証言しても、死刑賛成派は多数いる。アメリカを見てみよ。そこには銃規制反対の圧力団体がある。そして、アドルフ・ヒトラーがまったく無意味な言葉を叫んでいるのを賞賛した群衆を見てみよ――あのとき、ユビキタスなメタ専門知はどこにあったというのか。確かに、民主主義的な選挙において使えるのは、ユビキタスなメタ専門知だけである。陪審員制度も、ユビキタスなメタ専門知に基づいている。もちろん、陪審員の判断は、裁判官による特別な指導を必要とするし、事件が高度に専門的な場合には、そもそも使われない場合もあるだろうが、そうである。そして、セールスマンや商品を選択するときに我々は、ユビキタスなメタ専門知を——もちろん、その差別化も広告産業によって操作されてはいるが——使っている。そうだとしても、深刻な案件においては、他のよりよいものに依拠できるならば、ユビキタスな差別化には頼らない方がよい。

一般の人々の手の届くところにある、よりよい判断源泉の一つが、ローカルな差別化というメタ専門知である。すでに我々は、ローカルな差別化がうまく機能することや、それが極めて重要な働きをすることを知っている。ここが、警笛鳴らしをする者やジャーナリストが本領を発揮する場所であり、彼らは、中途半端に専門的科学を目指すことなどやめて、真向から、科学を政治的に追及するべきである。ローカルな差別化は、科学を誠実かつ純粋に保つために本質的なものであり、ワクチン反対運動家でもそこで役割を果たすことはできる。しかし、結果を求めるならば、運動家は、その差別化を適切に遂行しなければ

(45) '"Show Your Working": What "ClimateGate" Means' (<http://news.bbc.co.uk/1/hi/8388485.stm>).

ばならないと同時に、それが適切に遂行されたことを示さねばならない。個人的な確信は専門知ではないし、テレビでの人気も専門知ではない。ローカルな差別化という専門知は、透明かつ辛抱強い探偵活動を通じて示されるもので、私の知る限り、ワクチン反対運動はその水準には達していない。ここで述べておきたいことは、〔適切に遂行された〕ローカルな差別化の使用は、一般大衆が科学論争に参加するための重要かつ正当な方法だということである。

デフォルト専門知

さて、最も難しい問いに答えるときがやってきた。もし、王様が裸だったら、あなたはどうするか。もし、仕切り柵が倒れていたら、あなたはどうするか。そして、現実にいくつかの科学の分野では、仕切り柵は間違いなく地面に倒れているのである。実際に、私やあなたが、ある程度の確率の概念を勉強して、来年のインフレ率を予想したならば、それが当たる確率は、おそらく、高い給料と助成金をもらっている計量経済学者が複雑なコンピュータモデルを使ってした予想と同じくらいなのである。確かに、この場合だったら、「我々みんなが科学の専門家だ」と言ってもよさそうである。ここで私は、そうではないということを主張したいのだが、この場合においてそう論じるのは難しく、だからこそ、特別に興味深くもある。

計量経済学者が専門家であり、私やあなたがそうではない、はっきりした理由が一つある。計量経済学者はコンピュータモデルを作っているということだ。そのコンピュータモデルは正しい答えを出せないのだが、だからといって、計量経済学者が何も知らないことにはならない。全体的問題の複雑さは彼らの手に負えないものであっても、モデルにおける一つ一つの変数の間の関係について彼らは理解している。つまり、たとえ、彼らがコンピュータモデルに基づいていなかったとしても、諸々のデータと付きあってきた経験に基づいて、間違いなく、彼らの方が、いい判断ができる立場にいるのである。さらに、計量経済学者を擁護すれば、彼らは時間が経過するに従って、やり方を改善し、よりうまくやることを学んでいくが、私やあなたはそのようなことはできない。つまり、計量経済学者の予測に関して言えば、仕切り柵は地面に倒れている〔彼らと素人との差はないように思える〕のであるが、それにも関わらず、彼らに何らかの価値があると考えるべき理由が二つあることになる。第三の理由は、それより深く、重要で、我々を、出発点である時代精神――我々が科学者をどのように捉えているか――という考え方に引き戻すものである。

ある人類学者が、ワクチン反対運動家を調査して、運動家が親たちに与える影響について報告しており、そこで、おそらく我々みんなが気付いている時代精神について述べている。「カウフマンによれば、『対立する』専門知がネット上に氾濫する中で、『多くの親たちは、最も尊敬されているワクチン専門家がこの問題についての見解を述べても、また一つ違う意見が出てきたというくらいに考えている。』[46]」しかし、科学者というのは、「また一つ違う意見を」出すような人たちではない。第二次大戦直後までは、我々が「第一の波」と呼ぶ科学論のもとで、科学者の仕事は最も真理に近く、役に立つ結果をもたらし、科学者の意見は特別なものと考えられていた。つまり、自然の働きを知るということに関しては、科学は、他の様々な世界内存在の仕方から頭一つ抜け出ていた。科学論の第二の波が、文化という平原の高低差をなくし、「科学という山」を浸食した。第二の波は、時代精神の変化を反映したものであり、そして、おそらく、時代精神の変化に影響を与えもした。今、我々に必要なのは、第三の波である。これは当たり前の社会的事実であるが、様々な集団や専門職は、すべて同じものではない。具体例で考えてみよう。近年、カトリック教会は、小児性愛者の神父にまつわるスキャンダルに悩まされている。そのことは、大きな騒ぎになるべきだし、実際に大きな騒ぎになったのだが、その理由は、神父というのは、教区民に奉仕するために家庭生活を犠牲にしている特別な人間だと考えられていて、そうだとしたら、一般の人の幼児虐待が十分悪いことであるのはもちろんだが、神父が幼児を虐待することは、一般の人が同じことをするよりもずっと悪いことだと考えられているからである。しかし、このようなスキャンダルがあるにしても、人がもし親切で善良な人間を探しているとしたら、聖職者以外の誰のもとに行ったらいいというのだろうか。どこにでも例外——例えば、小児性愛者の神父のような個人、宣教師団やテロリズムを説く者による特定の宗派や狂信的な活動など——は存在するものの、全体として見た場合、宗

(46) Gross, 2009で、人類学者のシャロン・カウフマンによるワクチン反対運動家の研究について報告されている。

教的生活とは、自己犠牲と他者への奉仕の生活であると言っていい。銀行家と聖職者を比べてみてほしい。銀行家は、「貪欲は善である」と教えられている。彼らは、自分たちは特別な種類の人間であり、自分たち以外の人とは違って、膨大なボーナスなしに日々の仕事をこなすことができないのだと教えられている。彼らは本当に、自分たちがこの点において他の人たちとは違った作りをしていると信じている。そうでなくて、例えば、彼らが、看護師たちも膨大な年末手当もない安い給料ではきちんと仕事ができないはずだと考えていたら、彼らが看護師などから病気の治療を受けるときにどれだけ怖がらねばならないかを想像してみればよい。ここでも、もちろん例外はある。善良で自己犠牲的な銀行家が存在することもあるだろう。しかし、全体として、銀行家の生き方は、聖職者の生き方とは違っている。そして、親切で善良な人を探している人に対して、我々は、「銀行家の中からそのような人を探しなさい」とはアドバイスしない。似たような問いを専門職集団も含めたすべての集団について立てることができ、我々のほとんどは、ユビキタスな差別化の能力によって、その問いにどう答えたらいいかを知っている。

ここで、科学者についてこの問いを立ててみよう。すると、多くの人は、科学者とは特別な性質を持たない一般の人間だと答えるだろう。つまり、この点で、我々は時代精神の変化に影響を受けているのだ。しかし、この答は間違っている。社会学的に科学を捉えると、それが間違っていることが分かる。実は、科学者というのは、特別な人間の集団なのである。第二の波の結果として、我々はすでに科学者を自然との関係性に関して特別だなどとは考えていないが、それでも彼らは、彼らの人生を導いている価値観や、人生の送り方における志という点で、特別である。確かに、科学的事実が判定されるとき、科学者の出すデータのみが判定されているのではなく、科学者という人間も判定されている。これは真実である。しかし、科学者たちは、そのことを残念なことだと思っている。彼らは、そのことを恥だと思うが、誇らしげに思ったりはしない。クライメイトゲート事件がいい例である。そこでは、科学者たちは、自分たちが、事実ではなく科学者を判定しているように思われたことを恥じたのである。そして、公衆が抗議したことから分かるように、公衆も、そうでないことを科学者に期待していたのである――つまり、公衆は科学者たちが特別な人間の集団として行為することを期待していたのである。もし、クライメイトゲート事件が、政治家や銀行家や企業経営者などの私的メールの暴露だったら、何も驚くことはなかっただろう。政治家たちや銀行家たちや企業経営者たちは人間を判定する集団であることが期待されているからである。彼らは、科学者たちとは違う種類のエートス[*72]を持っているのである。対照的に、タバコ会社が科学的結果としているものが、本当は金銭的動機や政治的動機に導かれたものだと分かった場合には、我々は、それをひどいことだと思うだろう。それがひどいことだと思われるのは、科学はそういうものではないと考えられているからだ。それこそが、疑惑を追及するジャーナリストや一般市民が、科学者を監視する特別な役割を担っている理由である。その役割は、政治家や企業経営者を調査する場合には、また違ったものになるはずだ。なぜなら、政治家や企業経営者の判断は、金銭的動機や政治的動機によって導かれていることが期待されているからである。ジャーナリストたちは、利害関係を調べる立派な技能を持っているが、科学を調べる技能は明らかに持っていないのだから、ウェイクフィールドに関して、彼の科学について調べるのではなく、彼の利害関係について調べ続けるべきだったのである。やはり、科学は、政治や企業活動とは異なるものであることが期待されているのであり、そして、ほとんどの場合は、そのとおり異なるものなのである。

科学を理解するためには、欺瞞的科学者を除外して考えなければならない。欲得だけに導かれている科学者や名声のために動く科学者のことである。科学とは専ら富の生成のためにあると断言するような強引な資本主義者も除外すべきである。さらに、自分たちに思索の特別な権限が無制限に与えられていると思っているような理論科学者や、極端なダーウィン主義者も除外すべきである。メディア向け科学者たちやロビー活動科学者たちも、そして、小さなグループをなして、会合でお互いを賞賛しあっている、将来が見えてしまっているような如才ない科学者たちも、除外すべきである。それらの科学者たちは、小児性愛者の神父と同様、科学者という専門職がどのようなものかを示す好例とはならない。我々は、科学の本当の例となるようなコミュニティーを見なければならない。我々は、どのような測定値が自分の理論を支持し、どのような測定値が自分の理論を反証するのかを理解しようと努力している理論家を見なければならない。我々は、何が世界を構成しているのかを見つけ出そうとしている慎重な観察者や実験者を探さねばならない。我々は、世界が何で出来ているのかを見つけ出すことが最終目的であるような科学者たちを探さねばならない。

私が慣れ親しんできた領域である、重力波検出の領域は、科学者という専門職の本質を示す好例になると思う。重力波検出コミュニティーの中にも、研究助成金を獲得するために自分の研究に尾ひれをつける科学者の一人や二人はいるが、ほとんどの研究者は、いい仕事をして確固たる事実を見つけ出すことだけを考えている。実際のところ、私が最近、重力波コミュニティーを研究していたときにも、彼らが、証拠を見つけてもほんのわずかの前進しかしないことを決断するのを見て、私は「髪をかきむしりたい」ほどのじれったさを感じた。彼らは、半世紀にわたる研究の最大級の成果となるようなものを発見したのだが、まだ、確信を持つに足ると自分たちが考えていることには僅かに及ばないということで、それを発見として公表しなかったのだ。(47) 強い野心を持つ科学者にしても、そこで志されているのは、何か新しいことの発見である。データの改竄や捏造は、短期的で世俗的な報酬を得る代わりに、発見のスリルや永続的な名誉の可能性を犠牲にすることになる。科学者たちは、清貧の誓いを立てているわけではないが、金持ちになることよりも、人々の心に残ることを欲している。アインシュタインやダーウィンが人々の心に残っているように、いわば、科学版の天国での人生を彼らは望んでいるのである。そして、捏造は、そのように記憶に残る可能性を確実に消してしまう。つまり、科学の本性には、高潔さが組み込まれていて、割合的には稀にしかいない捏造者というのは、単に、過ちを犯し、科学的発言権を失った者というに過ぎないのである。

第一の波の社会学者、ロバート・マートンは、この点についてほとんどすべてを把握していた。マートンは「科学の規範」を提示して、それがあるから、科学は、それが実際に果たしているような機能を果たせるのだとした。例えば、科学者のコミュニティーは、「普遍主義的」だと彼は言う。つまり、科学者の主張は、主張した科学者の民族性や宗教と関係なく判定されなくてはならないということである。マートンによれば、科学は、「組織化された懐疑主義」に依拠している。つまり、科学者の仕事は、自分の仲間たちからの批判的な監視にさらされている。マートンは、科学は「利害無関係性」という性質を持つと主張する。つまり、科学的結果は、個人的な利害によって決定されてはならないということである。[48] マートンによれば、もし、科学がこれらの規範を受け入れていなかった

(47) Collins, 2013a.

としたら、自然の秘密の解明においてこれほどの成果をもたらすことはできなかったはずである。この最後の点に関しては、マートンは間違っている。第二の波の研究が示したところでは、科学の規範は、いつも守られているわけではなく、規範に忠実でなくても、成果をあげた科学は存在する。しかし、そうはいっても、科学者たちが規範を守ろうという志を持っている限り、まだ、科学者コミュニティーは、特別なエートスを特徴として持つと言える。科学の規範として挙げられるものは他にもたくさんあるが、主要なポイントをおさえるためにはこれで十分である。(49) 主要なポイントとは、科学者コミュニティーが、一群の規範に従って生きようという志によって特徴づけられるものであり、その一群の規範とは、結果を出すための有効性とは無関係に、それ自体として善なるもの——つまり、道徳的意味において善なるもの——だということだ。[*73] 先に挙げたマートンの三つのポイントに誠実さと高潔さという規範を加えて考えてみてもいいだろう。誠実さと高潔さはそれ自体として善である。普遍主義もそれ自体として善である。自分の考えを他人の批判のもとに晒すということは、それ自体として善である。知識の探究において、利害と無関係に振る舞うことはそれ自体として善である。ターゲット型図表を思い出してほしい。科学の内部は、これらの規範に支配されている。それに対し、我々が核から外に出ていくと極端な立場同士のキャンペーン競争が支配的になり、遠望によって景色は美化されていくのである。

　ワクチン反対運動と比べてみよう。ワクチン反対運動家は、自分たちの主張を支持する文献であれば、それがどこで公表されたかに関係なく引用することで有名である。彼らは、異端派のジャーナルやインターネットも、主流派のジャーナルと同様に扱い、その一方で、自分たちに反対の意見を唱えたり、自分たちに近いワクチン反対論を論駁したりするような論文は無視する。彼らは、論文を書いた科学者の評判や業績に基づいてではなく、自分たちが拒絶する結論を出しているという理由で論文を無視するのである。彼らがそうするのは当然である。彼らは運動家であって科学者ではないからだ。

（48）だからこそ、ウェイクフィールドが、自身の主張の真実性に関して金銭的利害関係を持っていたことが分かったときにスキャンダルになったのである。
（49）この議論は、現在、著者とその同僚たちによって、「選択的モダニズム elective modernism」という標題のもとで、もっと詳細を含めたかたちで、論じられている。選択的モダニズムは、科学は道徳的に善良であるがゆえに我々は科学を選択すべきであることを主張する。

そして、科学という制度は、科学についてではなく、科学者についての判定を下すときでも、良い制度である。ジョー・ウェーバーが仲間たちから無視されるようになったのは、彼が下院議員に手紙を書いて、当時軌道に乗っていた大プロジェクトの中止を求めたこと（実際に彼のしたことである）が理由ではなく、彼が科学的主張においてこれまでもずっと間違っていたと、仲間たちが考えていたことが理由である。そして、一九八〇年代に、ウェーバーが、重力波ではなくニュートリノ検出について、新しい主張を出したとき、〔重力波検出という〕隣接領域においてウェーバーの信頼性はすでに失われていたにも関わらず、彼の主張は主流派の雑誌で（最終的には却下されたものの）公表され議論されたのである。科学者が他の科学者を悪く評価するとき、その評価は科学的判断に基づいていて、自分たちの利益や個人的な判断に基づいてはいない[*74]――少なくとも、私がここで考えているような理想的な科学者たちは自分の判断においてそう志している。それに対して、ジェニー・マッカーシーのようなワクチン反対運動家も、科学者たちと同様、いつかは「賞味期限」を過ぎることになるが、その賞味期限が過ぎるのは、彼女が支持したことが科学的信頼性を失うからではなく、彼女が、一般的なテレビ視聴者の評価のなかで、広告的価値を失うからである。はたして我々は、どちらのコミュニティーを選ぶべきだろうか。

計量経済学者のモデルが役に立たず、仕切り柵が地面に倒れているという話に戻ろう。たとえ仕切り柵が倒れていても、計量経済学者たちは、彼らが欺瞞的な学者でない限り、科学の領域に属していることに変わりはない。ということは、〔科学の本性には高潔さが組み込まれているのだから〕彼らの下す判断のすべては善良な人間の判断であることになる。もちろん、ジャーナリストや、同僚のエコノミストのような審査官たちによって彼らが善良でないことが示される可能性はあるが、ここでは、そんなことは起こらないと想定しよう。同じことは、長期的な天気予報の研究者や、正確な判断を出せない複雑な科学すべての研究者について言える。彼らは、確固たる真理を探そうとはしているし、例外的な場合を除けば、善良な価値観に従って真理を探そうとしている。これらの科学すべてに関する限り、「我々みんなが科学の専門家であるわけではない。」なぜなら、我々は、当該の科学者コミュニティーに属しておらず、そのコミュニティーを導いている規範や志に従って判断を下す必要がないからである。一般人である我々は、多分、彼らよりは誠実でないだろうし、普遍主義的でもないだろうし、自身を専門家の批判にさらす準備もできていないだろうし、彼らよりは利害関係に左右されるだろう——もちろん、我々が真剣に警笛鳴らしをしている場合は別である。

まとめ

専門家という言葉の色々な意味を考えれば、我々みんなが専門家だと言うこともできる。しかし、我々みんなが科学の専門家だと言うことはできない。我々はみんなユビキタス専門家であるが、このことは、深刻な科学論争が問題となっている場合には意味をなさない。我々はみんな、自分の仕事に関してスペシャリスト専門家であるが、特別な場合を除けば、このことによって、我々みんなが科学の専門家であることにはならない。もし、我々が、自分たちはみんな科学の専門家だと考えようというのであれば、そのときは、社会のあり方が変わることになる。そこでは、我々にとっての真理は、自分の考えを推し進める権力を持つ者たちや、大きなメディア・アピール力を持つ者たちによって、彼らの追い求める一連の利益に従って、作られることになる。もし、我々の馴染みの社会のあり方を維持したいのであれば、科学を蔑ろにする時代精神は変わらねばならない。つまり、我々は、一人一人の心の中で、特別でない普通の科学の価値を、高めていかねばならない。しかし、少数ではあるが、これまでは一般人とみなされてきた人たちの中に、科学の専門家とみなされていい人たちもいて、それらの人たちが科学の専門家になったとしても社会のあり方は変わらない。つまり、書物や文献を読むことによってではなく、例えば、仕事におけるスペシャリストとしての経験や、慢性病を患っているという経験や、既存の専門家との長期にわたる対話によって科学の専門家となる人たちである。いずれにせよ、専門家になるための近道などはない。インターネットの情報はもちろん、専門的なジャーナルでさえ、科学的専門知の源泉として信頼できるものではない。そして、技術的問題の判断に関しては、我々みんながメタ専門家であるわけではない。しかし、ここでも、ローカルな状況についての詳細な調査をすれば、我々一般人でも、メタ専門家として、科学の規範を管理維持するための重要な役割を担うことはできる。そして、我々みんながデフォルト専門家であるわけではない。なぜなら、我々みんなが科学的エートスを持っているわけではないが、そのエートスこそが、科学が社会に貢献する最も重要な要因だからである。科学は不正確で、乱雑で、科学においては、計算よりも判断が重要であることの方が多い。しかし、それでも、自然や社会についての判断が、利害に無関心な善良な人間によって下されて欲しいと考えるなら、我々は、時代精神の向かっている方向を修正し、もう一度、科学を社会のなかの特別な地位へと引き上げる術を習得しなければならない。もちろん、このモデルのもとでは、科学者たちにも、たくさんの期待に応えてもらわねばならないことになる。

訳注

序

＊1　英国博覧会 Festival of Britain：一九五一年の夏にイギリス全域で開催された、科学技術などをテーマとした博覧会。政府主催で、戦後復興のために開催された。

＊2　スカイロン Skylon：英国博覧会のランドマークとしてテムズ川流域に設置されたオブジェ。科学的につり合いを計算されて、空中に浮遊しているようにケーブルで釣り上げられていた。

＊3　ロンドン万国博覧会 the Great Exhibition：一八五一年にロンドンで開催された世界初の万国博覧会。近代科学技術史における時代を画する大きな出来事で、会場となった水晶宮 the Crystal Palace は、近代科学技術社会の象徴として有名になった。英語では、単に The Great Exhibition（大博覧会）または、The Great Exhibition of the Works of Industry of All Nations（万国の産業生産品の大博覧会）と言われる。

＊4　コールダーホール Calder Hall：イギリスの原子力発電所。一九五六年に運転開始し、二〇〇三年に閉鎖された。商業的な原子力発電所としては世界初だが、商業的でないものに関しては、ソ連が先行している。

＊5　ZETA（ジータ）：Zero Energy Thermonuclear Assembly（ゼロエネルギー核融合装置）。核融合エネルギー研究のための原子炉。

＊6　ルイス・ストラウス Lewis Strauss（1896–1974）：アメリカの政治家。アメリカにおける核兵器、原子力エネルギー開発の主要人物。一九五三年から一九五八年まで、アメリカ原子力委員会の委員長を、一九五八年から一九五九年まで、アメリカ合衆国商務長官を務めた。

＊7　コメット号 Comet：イギリスで開発された世界初のジェット旅客機。一九五〇年代に、連続して墜落事故を起こし、事故後の徹底的調査が、その後の設計や事故対策などに生かされた。

＊8　口蹄疫 foot-and-mouth disease：家畜の伝染病の一つ。日本では二〇一〇年の宮崎県での流行が記憶に新しい。

＊9　壊死性筋膜炎 Necrotizing fasciitis：細菌による感染症の一つ。「人食いバクテリア」、「肉食い病 flesh-eating disease」とも呼ばれ、致死率は高い。

＊10　二重盲検試験 double blind test：二重盲検法とも言われる。何を調べるための実験であるかを実験者や被験者が予め知っていることによって実験結果にバイアスがかかることを防ぐため、実験者、被験者双方に対して（「二重」）、何が実験されているかを知らせないで（「盲検」）行われる実験。特に薬の効能の試験においては、被験者側のバイアス（薬を飲んだこと自体に起因する精神的効果による回復など、つまり「プラシーボ効果」）を除去するために、本当に試験されている薬が与えられるのは被験者の半数のみで、残りの半数にはプラシーボと言われる偽薬のみが与えられ、プラシーボグループと本物の薬グループとの差を調べることで薬の効能を調べることになる。この検査法は、薬の効能についての客観的データを得るために必要不可欠であるが、本書で後に論じられるように、エイズ活動家による抗レトロウイルス薬の検査システムを巡る反対運動において主要な争点となる。

＊11　プラシーボ効果 placebo effect：プラセボ効果ともいう。薬や治療などが効く効かないに関係なく、薬を飲んだり治療をしたりしたこと自体による精神的影響に由来する治療効果のこと。薬の効能のテストでは、二重盲検試験で、プラシーボ（偽薬）を使うことで除去される。

＊12　割礼 circumcision：男子の陰茎の包皮を切除する宗教的文化的風習のこと。医学的な施術として考えれば、訳語は「包茎手術」となる。宗教的風習としては、男子がユダヤ教徒になるときの義務として有名であるが、他にも多くの国や文化で風習として存在する。科学的根拠が背景にある風習なのか、科学的根拠のない単なる宗教的な風習なのかは定まった見解がない。

＊13　リーマンショック以後の世界金融危機のことであろう。

＊14　量子論が扱う、原子より小さいレベルの空間。

＊15　アメリカのタバコ産業は、一九七〇年代後半頃から、一大プロジェクトとして、様々なやり方で研究機関や大学への助成金の配布や奨励すべき研究の選択に介入し、裁判や政策決定などの際の「証人」となる科学者を育成し、タバコが健康被害をもたらすという科学的結論に対する「疑惑」を作り出してきた。原注で挙げられている参照文献（Michaels, 2008. Oreskes and Conway, 2010.）では、その経緯が詳細に論じられている。タバコ会社が豊富な資金を使って科学者を操り、「疑惑」を作り出してきたこと、さらに、そのスキャンダルがジャーナリズムの詳細な調査によって暴かれたことは、本書後半でも重要な事例としてたびたび登場する。

＊16　ここで述べられているのは、石油産業が、タバコ産業と同じように、様々なやり方で、気候変動科学に懐疑論（気候変動反対論）を持ち込むことに介入してきたこと、つまり、気候変動懐疑論側のスキャンダルのことである。ちなみに、すぐあとに述べられる「クライメイトゲート事件」は、気候変動論側のスキャンダルである。

＊17　エネルギー独立と地球温暖化下院特別委員会 The House Select Committee on Energy Independence and Global Warming：二〇〇七から二〇一一年に設置されたアメリカ連邦議会の特別委員会。

＊18　ＣＥＲＥＳ（セリーズ）：「環境に責任を持つ経済のための連合 Coalition for Environmentally Responsible Economies」。一九八九年に設立されたＮＧＯ団体。企業の投資家や経営者に働きかけて、成長を伴った持続可能な世界経済を実現することを目的とする。

＊19　ＩＰＣＣ：「気候変動に関する政府間パネル Intergovernmental Panel on Climate Change」。国連の賛助のもと一九八八年に設置された政府間の学術的機構。気候変動とその政治経済に与える影響に関する科学的知見を提供することを目的とする。アル・ゴア氏とともに、二〇〇七年にノーベル平和賞を受賞している。

＊20　注意すべきだが、本書で著者はクライメイトゲート事件を理由に人間由来の地球温暖化説が間違っていると（も正しいとも）主張したいわけではない。この事件をどのように解釈すべきかについては、本書全体の主題でもあり、各々のメールの文章をどのように解釈すべきかという問題とも関連して、本書の後半で再び議論されることになる。

第一章

＊21　カール・セーガン Carl Sagan（1934–1996）：アメリカの天文学者。科学啓蒙書や啓蒙テレビ番組などで世界的に有名である。

＊22　ブライアン・コックス Brian Cox（1968–）：イギリスの物理学者、科学番組プレゼンター。啓蒙的科学番組の司会や科学啓蒙書の執筆などを通じて人気を得ている。

＊23　ニール・アームストロング Neil Armstrong（1930–2012）：アメリカの宇宙飛行士。一九六九年、アポロ計画のもとで、人類で初めて月面を歩いた。

＊24　「コロンビア号」Columbia：アメリカのスペースシャトル。二〇〇三年に、地球帰還時に空中で爆発を起こし搭乗員七名が全員死亡した。この事故は当時、日本でも大きく報道され、人々に大きな衝撃を与えた。一九八六年に、発射時に同様の事故を起こした「チャレンジャー号」の事故と同様、事故原因として工学的要因のみでなく組織的要因も指摘されている。

＊25　科学哲学者、カール・ポパー Karl Popper（190–1994）によって提唱された「反証主義」のテーゼのことである。科学において観察（つまり、実験結果や観測結果など）が理論を「検証」しているとすると、理論をなす言明は全称言明（「すべての白鳥は白い」のようにすべての事象について言及している言明）であるため、

観察によって得られる特称言明（「ある白鳥は白い」のように個別の事象に言及している言明）をいくら集めても「検証」することはできないことになる。それに対し、本文で述べられているように、特称言明で全称言明を（つまり、「観察」で「理論」を）「反証」することはできるため、ポパーは、科学における観察の意義は理論を反証することであるとし、科学的理論とは、経験による「反証可能性」を持つ理論のことであるとした。

＊26　「第一の波」の科学社会学の中心人物は、社会学者ロバート・マートン Robert Merton（1910–2003）であり、彼の科学社会学は、「第二の波」の「科学的知識の社会学（SSK）」に対して、「科学者の社会学」「科学者コミュニティーの社会学」と言われることもある。ポパーの「反証主義」もマートンの「科学者の社会学」も、本章では、「第二の波」によって乗り越えられた立場として語られているが、本書の最終章で語られるように、コリンズの標榜する「第三の波」では、「科学者コミュニティーのエートス」を表現するものとして再び重要となる。

＊27　相対性理論とマイケルソン＝モーリーの実験の話のような「おとぎ話」が科学者になっていく人には無害であるという認識はとても重要である。科学者の卵は、実際に科学者になっていくうちに、本当の理論と実験の関係の機微は自然に学んでいくはずなので、「おとぎ話」は、それほど有害ではないということである。むしろ、基盤となるものは、「おとぎ話」のような単純な図式で学んだほうが有効である。「訳者あとがき」の《科学論の「三つの波」》の節も参照せよ。

＊28　科学者たちにとっては、実験から導き出される結論こそが、世界の構成要素だからである。そして、世界を知るための、つまり、世界を構成するための唯一の（あるいは支配的な）方法が科学だと考えるならば、それは、科学外部の一般の人々にとっても同様である。

＊29　「遠望が景色を美化する。」"Distance lends enchantment."：文字通りには、距離が（景色や人の姿などに）美しく見える魔法をかける、という意味で、遠くからみると景色や人の姿はきれいに見えることを述べた慣

用句である。ここでは、学説や主張や論争などに関して、近くで詳しく見ると、複雑で理解しにくく微妙なニュアンスや曖昧さを含んだものが、遠くから見ると、単純で分かりやすく極端なものに見える様を表現している。本書全体にわたって（そして、コリンズ科学論全体の）底流にある鍵となる考え方で、以降、この言葉はたびたび登場する。

*30　科学分野で分かりやすい例を挙げれば、地球中心説（天動説）は真理だから、それが信じられていることについては社会的説明や宗教的理由を論じる必要はないが、一部の人に太陽中心説（地動説）が信じられているのは何らかの社会的要因によって間違って信じられてしまっているからだ、と説明すること——おそらく、ガリレオの時代には、一般的にはそのような説明がされたことだろう——は、社会学的に恥ずべきことである。まったく同様に、地動説は真理だから、それが信じられていることについては社会的説明や宗教的理由を論じる必要はないが、ある時代において天動説が信じられていたのは、何らかの社会的要因（や宗教的要因）によって間違って信じられてしまっていたからだ、と説明すること——おそらく、現代においては、一般的にはそのような説明がされることだろう——も、社会学的には恥ずべきことである。「対称性の原理」は、地動説が信じられていることにも天動説が信じられていることにも、社会的説明や歴史的説明が必要だと言っているのである。

*31　しばしば言われるように「対称性の原理」を、真理が（あるいは科学が）相対的であるとするテーゼと考えるのは短絡的である。「対称性の原理」は、真理（や科学）が相対的であることを前提としているわけでも、それを主張しているわけでもなく、真理（や科学）が相対的であっても大丈夫なように（つまり、自分が真理だと思い込んでいたものが偶然の産物であっても大丈夫なように）考えるための方策として捉えるべきである。

*32　「暗黙知 tacit knowledge」は、マイケル・ポランニー Michael Polanyi（1891–1976）によって提唱された概念で、コリンズの専門知論において、特に重要な概念である。ポランニー暗黙知論とコリンズ暗黙知論の違い

については、「訳者あとがき」の《暗黙知について》の節を参照せよ。

＊33　「頑健な」は robust。ここでは、失敗要因となるノイズや不確定要素が少ないという意味である。

＊34　重力波物理学の分野は、コリンズが科学社会学者として最も詳細に研究している分野である。ここで述べられている事例は本書でも以降たびたび重要事例として登場する。詳細は、原注にあるコリンズ自身の著作の他に、邦訳があるものとして、Collins and Pinch, 1993/1998〔『七つの科学事件ファイル』〕の「正体の見えない重力波」の章も参照せよ。

＊35　常温核融合論争：一九八九年にマーティン・フライシュマン Martin Fleischmann とスタンリー・ポンズ Stanley Pons は、きわめて簡単な装置を使って試験管の中での核融合反応に成功したと発表した。事実ならば大きな富を生み出すこの結果に対し、多くの研究者が再現実験を試みた。二人の実験の信頼性についての論争は、重力波論争の場合と同様の膠着状態に陥り、二年もたたないうちに、結果の信頼性は失われた。詳細は、Collins and Pinch, 1993/1998.〔邦訳書『七つの科学事件ファイル』〕の「試験管の中の疑惑」の章を参照せよ。

＊36　つまり、彼は、論文自体からは、この論文を低く評価する要素は見つからない、と述べているのである。

＊37　カール・フォン・クラウゼヴィッツ Carl von Clausewitz（1780–1831）の『戦争論』での表現「戦争とは他の手段をもってする政治の継続に他ならない」より。

＊38　ocean of ordinariness：ここでは、科学の特別性や独立性を否定し、科学以外の一般的テーマと同等に扱おうとする考え方のことを言っている。

＊39　2,4,5-T：2,4,5－トリクロロフェノキシ酢酸。ベトナム戦争で使用された「枯葉剤」の主要成分として有名。かつては、農林業や鉄道線路の除草などで使われていたが、深刻な健康被害が問題となり一九八〇年頃には、ほとんどの国で使用が禁止されることになった。

＊40　エイズ治療薬の二重盲検試験においては、ありていに言えば、プラシーボ群の患者が（本当の薬を投与された群の患者に比べて）十分に多く死んでくれれば治験は成功ということになる。さらに、治験に参加す

る患者は、他の要因による影響を避けるために、治験に参加している間は他の治療は受けてはいけないとされていた。活動家たちはこの方法に道徳的な問題があると反対したのである。

＊41　フレーミング framing：問いの立て方、問題を設定するときの枠組みのこと。公共領域の科学技術的な論争においては、しばしば、問いに対する答えの相違以前に、どのような枠組みで問いを立てるか、つまり、問題の立て方自体が重要な争点となる。例えば、ある食品の安全性についての論争において、短期的な健康リスクのみを問題とするのか、長期的な健康リスクも問題とするのか、その食品を食べた人だけのリスクを問題とするのか、社会全体や環境に関するリスクも問題とするのか、等々といった様々な争点が考えられる。

＊42　本書の中心主題であるコリンズの専門知論と「第三の波」の考え方は、Collins and Evans, 2002 で提示された後、様々な角度からの批判を受け、批判者との間で頻繁に交わされる議論の中で彫琢されてきた。専門知論が、公共領域の技術的問題への公衆の関与に関して何をもたらすかという問題（あるいは、専門知論は公衆の関与を阻害するのではないかという批判）は、その中で重要なテーマの一つである。

＊43　accountable, accountability.「責任」の諸々の意味の中でも、自身の判断などについて、事後的に説明をしてその是非の審判を仰ぐ責任という意味の「責任」である。「説明責任（がある）」と訳されることもあるが、一般的に見られる「説明する責任」という意味での用法とは区別される必要がある。

＊44　ブレント・スパー Brent Spar：イギリス北海の石油リグ。一九九〇年代に、海洋投棄に反対したグリーンピースなどの環境団体により、石油リグの占拠やシェル石油会社に対する不買運動など猛烈な反対運動が起こった。（Huxham and Sumner, 1999.）

＊45　本文にあるように、ブレント・スパーという一つの石油リグの廃棄に関しては、海洋投棄が最も環境にやさしい選択肢であったことをグリーンピースら反対論者側も後に認めた。しかし、その後、反対論者側は、ブレント・スパーという一つの石油リグの海洋投棄による海洋汚染が問題なのではなく、それが前例となり、イギリスや世界各国の技術政策のあり方が産業廃棄物の海洋投棄の容認へと向かっていくこと、さらに、よ

り一般的に予防原則という考え方を蔑ろにする技術政策へと進んでいくことが問題なのだとした。ブレント・スパー問題は、「フレーミング」（問いの立て方、焦点の当て方）や予防原則という考え方と密接に関わっていて、コリンズは、本書以外においても、しばしば事例として取り上げ論じている（Huxham and Sumner, 1999; Collins and Evans, 2002; Collins and Evans, 2007）。

＊46　ブレント・スパー問題と同様、遺伝子組換え食品の問題は、公共領域の科学技術論争のフレーミング（への公衆の関与）や予防原則という考え方に深く関係する事例である。注意すべきだが、コリンズの提唱する「第三の波」は、フレーミングへの公衆の関与や予防原則という考え方自体に反対するわけではない。第三の波が反対（あるいは警戒）するのは、「原則的には、すべての判断が公衆によってなされるべきだ」という極端な結論に向かう議論であり、むしろ、公衆の関与と科学技術的専門家の判断を適切に機能させるためにも専門知のあり方を詳細に分類する専門知論が必要だというのが主張である（H. Collins, M. Weinel, and R. Evans, "The politics and policy of the Third Wave: new technologies and society," *Critical Policy Studies* 4, no. 2 (2010): 185-201）。

＊47　西側 The West：本章で提示された「六〇年代（既存の権威への反抗）」、「アメリカ的民主主義」、「環境運動」という三つの影響要因を主とする、西側自由主義諸国の時代精神ということだろう。

第二章

＊48　注意すべきであるが、「ユビキタス専門知」に対して、「スペシャリスト専門知」という固有の性質を持つ専門知が存在するわけではない。ある専門知が「ユビキタス専門知」であるか「スペシャリスト専門知」であるかは、当該のコミュニティー内のほとんどの人がその専門知を持っているか、少数の人しかその専門知を持っていないかによって決まる。つまり、ある専門知がユビキタス専門知であるかスペシャリスト専門知であるかは、その専門知の固有の性質として決まっているのではなく、コミュニティーのあり方によって変化するのである。

＊49　トリビアル・パスート Trivial Pursuit：雑学的知識のクイズを解いていくボードゲーム。

＊50　ピアレビュー制度 peer-review：論文掲載の可否や助成金授与の可否などについて、論文執筆者や助成金申請者と専門分野を共有する仲間の専門家が審査する制度のこと。ジャーナルへの論文掲載の可否が審査される場合は「査読制度」と言われる。

＊51　ここで、「言葉が教える」というのは、言語によって明示的に「何を見るべきで何を見てはいけないか」が示されるということではない。続く文章からも分かるように、人間は、言語を使用することによって、雑多な刺激を対象へと成形し、「見るべきもの」によってなされる世界を構成していくということを言っているのである。つまり、そのようにして、個人は、コミュニティーの中で言語的会話に参加することで、そのコミュニティーに付随する暗黙知を獲得するのである。

＊52　「専門知」の主要素は暗黙知であるが、「ローカルな差別化」は、「ユビキタスな差別化」と比べて、情報量に差があるだけで、暗黙知的要素には違いがないので変則的なカテゴリーだと言っているのである。

第三章

＊53　一九六〇年代に始まった科学論の「第二の波」は、本文で述べられているように科学相対主義ともいえる思想傾向を生み出し、その風潮に対し、強く反論をした科学者側の論者もいた。そうした批判と反批判の応酬は、一九九〇年代になって「サイエンス・ウォーズ」とも呼ばれる激しい論争（あるいはキャンペーン合戦）に至った。

＊54　ここで論じられている「科学の価値システム」にのっとった議論として、思い浮かぶのは、（プラトンまで遡らなくてよいならば）近代科学の創始者の一人ガリレオの議論スタイルである。『天文対話』『新科学対話』という対話篇において、（ガリレオの代弁者である）サルヴィヤチ氏はしばしば、反対者である（アリストテレス自然学の代弁者である）シンプリチオ氏の主張を認めて、そこから議論を進めるという展開をしている。

＊55　ここでの議論は、科学的主張同士の論争について述べられているが、先の訳注でも述べた「サイエン

ス・ウォーズ」と呼ばれる科学論（の「第二の波」）と科学者との間の論争（とそれを取り巻く外部の輪の議論）についても、まったく同じことが当てはまるだろう。

＊56　バリー・マーシャル Barry Marshall（1951–）、ロビン・ウォレン Robin Warren（1937–）：胃潰瘍の原因となるピロリ菌を発見したオーストラリアの研究者。

＊57　「科学の論理は閉じていない」ので、ウェーバーの主張が正しいかもしれないという可能性は保持されるべきではあるが、「現実的には」、すべての論文を同等に扱っていたら科学を機能させることはできない。だから、科学を現実的に機能させるためには、何を軽視すべきで何を重視すべきかを識別しなければならない。そして、その識別に関しては、専門家コミュニティーの「暗黙知」に従うべきだということである。「訳者あとがき」の《異端派科学者について》の節も参照せよ。

＊58　タボ・ムベキ Thabo Mbeki（1942–）：一九九九年から二〇〇八年まで、南アフリカ共和国の大統領を務めた。アパルトヘイト撤廃後初の大統領であるネルソン・マンデラ大統領時代（一九九四～一九九九）には副大統領を務めていた。

＊59　AZT：アジドチミジン azidothymidine. 別名、ジドブジン zidovudine. 副作用はあるが、便益がリスクを上回るとされ、現在では広く認められている抗HIV治療薬の一つ。「WHO必須医薬品モデルリスト WHO Model List of Essential Medicines」にも載っている。日本では、一九八七年に認可され発売されている。

＊60　Collins and Weinel, 2011 によれば、例えば、医学論文データベース PubMed で調べると、一九九〇年代において、AZTのリスクが便益を上回ると論じている査読付き論文は、たった一つしかなく、逆に、母子感染を防ぐために使われたときに、その便益がリスクを上回ると明示的に主張している論文は数百もあった。さらに、AZTに反対するその一つの論文は、影響力のあまりない非主流派ジャーナルに掲載されたもので、一九九〇年代後半の論文をほとんど引用しておらず、主要な執筆者は、HIVの存在を否定する立場を支持する、ウイルスについての実質的な研究には従事したことのない研究者だった。

＊61　ピーター・デュースバーグ Peter Duesberg（1936–）：アメリカの分子生物学者。エイズの原因はＨＩＶ（ヒト免疫不全ウイルス）でないとする「エイズ否認主義 AIDS denialism」運動の中心人物。ちなみに、「エイズ否認主義」には、ＨＩＶの存在自体を否定する別の派閥もある（Nattrass, 2007）。

＊62　キャリー・マリス Kary Mullis（1944–）：アメリカの生化学者。デュースバーグと同様「エイズ否認主義」の提唱者。ポリメラーゼ連鎖反応（ＰＣＲ）法の開発により一九九三年にノーベル化学賞を受賞した。

＊63　注意すべきであるが、ここで述べられていることからも分かるように、コリンズは、科学において少数異端派の意見が無視されてよいと主張しているわけではない。むしろ、彼の主張では、ＡＺＴの危険性の主張が載っていたような非主流派ジャーナルの存在は、科学が開かれたものであるために（つまり、非主流派の主張が正しいかもしれないという可能性は開かれているべきであるので）必要不可欠である。そして、そうした非主流派の主張を並存させておくことは、暗黙知を持っている科学者コミュニティーにとっては無害である。しかし、それを科学者コミュニティー外部の暗黙知を持たない者（政治家や運動家や一般市民）が「一次資料知」によって知り、政策的判断などのために使用する場合には問題となるのである。ここでは、「長期的な視野における真理という科学の問題と、短期的視野における「科学的根拠に基づいた」判断形成という政治の問題」は別の問題だという認識（これは「第二の波」と「第三の波」の科学論に共通する実践的主張の一つである）が重要である（Collins and Weinel, 2011）。「訳者あとがき」の《異端派科学者について》の節も参照せよ。

＊64　「偽の論争」を「本当の論争」と識別するために、社会学者が社会学的専門知を働かせて行う差別化について、Collins and Weinel, 2011 では、「社会学的差別化 sociological discrimination」として変成的メタ専門知のカテゴリーに入れられるべきだと述べられている。ある専門家の主張が、当該の専門家コミュニティーの中で、どのように扱われているかを社会学的分析によって知り、その専門家の主張の是非を判定する専門知である。この専門知は、当該の分野の（南アフリカの事例ではＡＺＴのリスクと便益についての）専門知でない専門

知（社会学的分析の専門知）を、ＡＺＴについての技術的判断に「変成」させるメタ専門知である。「社会学的差別化」は、本書では明示的には登場しないが、当該の専門家コミュニティー外部から（つまり、貢献的専門家でない立場から）遂行できる差別化として重要である。

第四章

＊65　「警笛鳴らし whistle-blowing」とは、専門職倫理、特に技術者倫理で重要なテーマとして扱われる概念で、ある組織や専門職コミュニティーで倫理的に不正なことが行われようとしている際に、その集団の内部の者、あるいは、内部事情を知った外部の者（一般市民やジャーナリストなど）が、その不正について告発する行為のことである。

＊66　クライメイトゲート事件と温暖化懐疑論やタバコ産業のスキャンダルとの間の（外部から分かる）決定的な違いの一つは、前者が、たかだか数通のメール（の文脈から外れた理解）に基づいているのに対し、後者は、非常に詳細な探偵調査に基づいているという点である。

＊67　ＭＭＲワクチン：「新三種混合ワクチン」とも呼ばれる。はしか Measles, おたふく風邪 Mumps, 風疹 Rubella の頭文字をとってＭＭＲワクチンと言われる。日本では、一九八九年から接種が開始されたが、一九九三年に、（本書で議論されている自閉症との関連とは別の）おたふく風邪のワクチンが原因の副作用（無菌性髄膜炎）が問題となり中止となっている。

＊68　イミテーション・ゲーム研究は、何かのふりをする人と本物を見分ける対話テストを使った（いわゆる「チューリング・テスト」の手法を使った）実験的研究で、コリンズは、対話的専門知の経験的研究の一環として様々な実験をしている。例えば、色盲の人が色盲でないふりをして対話をしたときに、色盲でない人がそれを識別できるか、とか、絶対音感のある人が絶対音感のない人のふりをして対話をしたときに、絶対音感のない人がそれを識別できるかといった実験である。先に対話的専門知との関連で論じられていた、重力波コミュニティーとコリンズの対話による識別の実験もその一つである。対話的専門知との関係について詳

しくは、次を参照せよ。Collins and Evans, 2007, Chap.4.

＊69　つまり、ウェイクフィールドの金銭的関与や不正が暴露されていない段階で、ということである。

＊70　繰り返し述べておくが、本段落で述べられているように、ここでも、コリンズは、科学的事実として、MMRワクチンが安全だと主張したいわけでも（危険だと主張したいわけでも）ないことには十分注意すべきである。

結論

＊71　特殊対話的専門家 special interactional expert：対話的に特化した対話的専門家。具体的には、貢献的専門家でない対話的専門家のことである。すべての貢献的専門家は対話的専門家でもある。

＊72　エートス ethos：気風。気質。精神。あるコミュニティーにおいて、そこに属するメンバーの内面に作用して、その人の行動を方向付けているもの。「倫理 ethics」の語源となるギリシア語由来の言葉である。

＊73　「第一の波」のマートンにおいては、科学者コミュニティーの価値観や規範は、科学の有効性のためにあったのだが、「第三の波」の「選択的モダニズム」では、科学者コミュニティーの価値観や規範は、科学の有効性とは無関係に、それ自体が善なるものとして意義を持つ。

＊74　ウェーバーのような科学者を、彼の論文やデータに問題は見つからないのに、主流派科学者たちが無視するのは、科学者コミュニティーの持つスペシャリスト的暗黙知によるものであり、ウェーバーがコミュニティーの主流派の利益に反対するような活動をしたことが理由ではないということである。

訳者あとがき

本書は、Harry Collins, *Are we all scientific experts now?*, Polity, 2014の全訳である。著者のハリー・コリンズ（一九四三―）は、イギリスの科学社会学者で、現在、ウェールズのカーディフ大学（Cardiff University）の教授職を務めている。かつて、バース大学（the University of Bath）の教授職を務め、彼を中心とした科学的知識の社会学（SSK：sociology of scientific knowledge）の研究者グループは、「バース学派（Bath School）」と呼ばれ、もう一つの「エディンバラ学派（Edinburgh School）」と並んで科学的知識の社会学の展開において中心的役割を果たした。最近では、本書で展開される専門知論を中心とした科学論の「第三の波」の提唱者として著名であり、創成期から現代に至るまで科学論を牽引している研究者である。

コリンズの業績

著者のコリンズは、多くの著作と学術論文を業績として持つ。最も有名な著作は、トレヴァー・ピンチ Trevor Pinch との共著による「ゴーレム」シリーズ（三冊）である。他にも、近年の著作に限って述べれば、ロバート・エヴァンス Robert Evans との共著も含めた専門知論関係の著作、重力波物理学コミュニティー研究関係の著作が幾冊かある（訳者による追記：二〇二三年十二月現在において、共著も入れたコリンズの著作については、本書も含めて合計で五冊の邦訳が公刊されている。以下、文献紹介において、本訳書の初版刊行の二〇一七年四月以降に邦訳が出ているものについては、追記した）。

代表的なものに限って各分野の業績を次に挙げる。

①ゴーレムシリーズ

一般向けに分かりやすく書かれた科学技術論の事例集で、科学編の *The Golem*, 技術編の *The Golem at Large*, 医療編の *Dr. Golem* があり、科学編と技術編には邦訳がある。

科学編：Collins, H. and Pinch, T., *The Golem: what everyone should know about science*, Cambridge University Press, 1993.（邦訳書：H・コリンズ、T・ピンチ、『七つの科学事件ファイル――科学論争の顚末』、福岡伸一訳、化学同人、一九九七年）

技術編：Collins, H. and Pinch, T., *The Golem at Large: what you should know about technology*, Cambridge

University Press, 2002.（邦訳書：H・コリンズ、T・ピンチ、『解放されたゴーレム――科学技術の不確実性について』、村上陽一郎、平川秀幸訳、ちくま学芸文庫、二〇二〇年）

医療編：Collins, H. and Pinch, T., *Dr. Golem: how to think about medicine*, University of Chicago Press, 2005.

②専門知論

Collins, H. and Evans, R., *Rethinking expertise*, University of Chicago Press, 2007.（邦訳書：H・コリンズ、R・エヴァンズ、『専門知を再考する』、奥田太郎監訳、和田慈、清水右郷訳、名古屋大学出版会、二〇二〇年）

Collins, H., *Tacit and explicit knowledge*, University of Chicago Press, 2010.

現在コリンズが中心的に取り組んでいる専門知論と「第三の波」関係では、右の著作の他にも多くの学術論文（多くは、Robert Evans や Martin Weinel との共著）が公刊されている。テーマとしては、暗黙知獲得における実践と言語の関わりなどの哲学的なもの、公共領域の科学技術的問題への公衆の関与の在り方のような社会学的なもの、イミテーションゲーム実験を使った対話的専門知の実証的研究、科学者コミュニティーにおける異端派科学者と主流派科学者の関係性についての社会学的研究など、相互に関係する様々な分野に及ぶ。道案内になるものとして、「第三の波」の端緒となる二〇〇二年の論文と、その後の議論を踏まえた現段階の状況がまとまっている最新の二つの論文が参照には便利である。

Collins, H. and Evans, R., 'The Third Wave of Science Studies: Studies of Expertise and Experience', *Social Studies of Science* 32/2: 235-96, 2002.
Collins, H. and Evans, R., 'Expertise revisited, Part I: Interactional expertise', *Studies in History and Philosophy of Science Part A* 54: 113-123, 2015.
Collins, H., Evans, R., Weinel, M., 'Expertise revisited, Part II: Contributory expertise', *Studies in History and Philosophy of Science Part A* 56: 103-110, 2016.

③重力波物理学の科学社会学的研究

Collins, H., *Gravity's Ghost and Big Dog: Scientific Discovery and Social Analysis in the Twenty-First Century*, University of Chicago Press, 2013.
Collins, H., *Gravity's Kiss: The Detection of Gravitational Waves*, The MIT Press, 2017.

④一般向け著作

他に一般向けの著作として本書の続編にあたる次の著作（エヴァンスとの共著）がある。

Collins, H. and Evans, R., *Why Democracies Need Science?*, Polity, 2017.（邦訳書：H・コリンズ、R・エヴァンズ、『民主主義が科学を必要とする理由』、鈴木俊洋訳、法政大学出版局、二〇二二年）

《ゴーレムシリーズの事例》

ゴーレムシリーズの二冊には邦訳がある。本書にはいくつもの科学技術に関わる具体的事例が登場し、著者コリンズは、詳細の参照のために（ゴーレムシリーズでない、ほとんどは邦訳のない）文献を挙げているが、中には右に挙げたゴーレムシリーズで扱われている事例もいくつかある。読者の便宜のため、ここで、本書に登場する事例でゴーレムシリーズにおいて扱われているものをまとめて挙げておく。本書における捉え方と微妙にニュアンスの異なる扱われ方をしている事例もあるが、詳細を知るためには便利である。

『七つの科学事件ファイル』（科学編 "The Golem"）所収

・マイケルソン＝モーリーの実験と相対性理論：「相対性理論は絶対か」

・重力波物理学とウェーバー：「正体の見えない重力波」

・常温核融合：「試験管の中の疑惑」

『解放されたゴーレム』（技術編 "The Golem at Large"）所収

・カンブリア地方の牧羊農夫：「子羊の科学　チェルノブイリとカンブリア地方の牧羊農夫たち」

・計量経済学の「七賢人」：「快適さと歓びの知らせ　七賢人と経済学」
・エイズ活動家の二重盲検試験反対運動：「アクト・アップ　エイズ治療に貢献する素人の知識」

また、邦訳はないが、医療編（"Dr. Golem"）では、「プラシーボ効果」、「扁桃腺切除」、「ワクチン反対運動」などが各々一章を使って取り上げられ、エイズ活動家事例が再録されている。

本書の概要

本書は、著者コリンズが、右のような多岐にわたる業績での成果を総合して、科学論の「第三の波」と専門知論の概要について、一般の人々に向けて書いた著作である。あえて「遠望が景色を美化する」ことを怖れずに述べれば、本書は、近年下降し続けている科学の権威を[*1]、もう一度取り戻すために、つまり、科学を「擁護」するために書かれたものである。

しかし、それを、科学批判か科学擁護かというように、あるいは、それと並行して、一般市民の科学論争への参加の擁護か批判かというように、二つの立場の対立図式で考えてはいけない。本書の題名は、「我々みんなが科学の専門家なのか？」という疑問文であり、この問いに本書が最終的に出す答えはノーである。つまり、我々みんなが科学の専門家であるわけではない。単純に考えると、その答えは、科学は専門家に任せておくべきだという主張につながり、科学論争への一般市民の参加を批判するということになりそうである。しかし、実は、本書の題名の問いには、先行する別の問いが隠れていることに注意すべきである。序章と第一章を読めば明らかなように、コリンズは、題名の問いの前にまず「科学を専門家のみに任せていていいのか」という問いを立て、時代精神や科学論が、この問いにノーと答えることを前提としている。題名の問いは、この前提の先にある問いなのである。つまり、本書の設定する問いを省略なしに述べれば、「科学を専門家のみに任せていてはいけない、だからといって、我々みんなが科学の専門家だとしてもいいのだろうか」となるだろう。コリンズによれば、現代の時代精神は、「科学を専門家のみに任せていてはいけない」という局面にある。そして、その流れが「我々みんなが科学の専門家だ」という極端な場所に流れきってしまわないように歯止めをかけるのが本書の目的である。そして、本書で展開される科学論の「第三の波」は、そのために専門知について詳細に調べるという方策をとる。つまり、本文の言葉を借りれば、「専門家と一般市民の双方が持っている技能や能力――専門知――について詳細に検討し、どんなときに一方が他方を利することになるのか、そして、どんなときにそれが危険な幻想となるのかをはっきりさせ」ようとするのである。

＊1　本文でも述べられているとおり、コリンズは、「科学」と「技術」を厳密に区別することはできないとしている。以下の文章でも、「科学」は、「科学技術」とほぼ同義と考えて欲しい。

＊

まず序章では、一九五〇年代から現代に至るまでの（主にイギリスでの）科学の失敗や信頼の失墜の様子が語られる。つまり、先に述べた前提（「科学を専門家のみに任せていてはいけない」）から本書は始まるわけである。本書では、イギリスを中心とした事例が挙げられているが、日本でも、古くは一九五〇年代の水俣病に始まり、数々の科学の失敗やスキャンダルを経て、同じように科学の権威と信頼性は徐々に下降してきていると言えるだろう。そして、特に二〇一一年の福島原発事故以降において急速に、科学（や技術）を専門家のみに任せていてはいけないという気運は高まってきている。

第一章では、科学が信頼性を失っていった過程が、時代精神と科学論の相互の影響関係を軸に辿られる。一九六〇年代から現代に至るまで、時代精神は、「六〇年代（における既存の権威への反抗の動き）」、「アメリカ的な民主主義」、「環境運動」の三つの主要な影響要因によって、専門家の特権領域であった科学を囲む仕切り柵を取り壊し、科学論争への一般市民の参加を奨励する方向に動いてきた。その過程は、一九六〇年代に「第一の波」から「第二の波」へと変わった科学論の学者たちの議論と相互に影響を与え合い、その中で、「科学を専門家のみに任せていてはいけない」から「我々みんなが科学の専門家だ」という考え方（科学の「デフォルト専門知」化）へと向かうことになった。ここまでは、先に述べたように、題名の問いが発せられる前提となる話である。

第二章以降が、「我々みんなが科学の専門家なのか」という問いに答えることを目的とした科学論の「第三の波」の話である。まずは、第二章で、第三の波の中心的道具となる専門知論が示される。コリンズの専門知論は、「デフォルト専門知説」と「専門知の関係説」に対抗して、暗黙知論に基づく「実質的専門知説」を展開する。その中で、専門知は詳細に分類され、いくつかの見落とされがちであった専門知の存在も指摘される。続いて、第三章では、クライメイトゲート事件と南アフリカの抗レトロウイルス薬の事例、第四章ではMMRワクチン反対運動の事例が中心的に取り上げられ、第二章で得られた専門知についての知見が具体的に道具としてどのように使われるかが示される。扱われている事例は、一般的な言葉で述べれば、「科学的不確実性の下での判断形成」における「科学的専門知」と「一般市民（や政治家）の参加」の問題ということになるだろう。この喫緊かつ難解な問題に、専門知論という道具立てを使っていかに対処するかという話題が、本書の中心をなすものである。

最後に結論で、様々な専門知に関して、「我々みんなが科学の専門家とは言えない」ことが順次述べられる。最終的に、科学の特別性は、実験や観察という特権的な自然へのアクセス法にあるのではなく、科学者コミュニティーの集団としての特別性に基づいており、科学者コミュニティーの特別性は、そのコミュニティーの持つ特別な「エートス」に基づくとされる。「科学は不正確で、乱雑で、科学においては、計算よりも判断が重要であることの方が多い。しかし、それでも、自然や社会についての判断が、利害に無関心な善良な人間によって下されて欲しいと考えるなら、我々は、……もう一度、科学を社会のなかの特別な地位へと引き上げる術を習得しなければならない」とされ、科学者コミュニティーのエートスを表す科学の規範は、科学の有効性とは独立に、「それ自体として善」なるものとして選択されるべきであることが主張される。この考え方は、「選択的モダニズム elective modernism」という標題のもとでの、より広い現代文明論へと引き継がれて本書の話は終わることになる。

重要な道具立てについてのまとめと補足

以下では、本書の理解のためのポイントとなる重要な道具立てのうちいくつかについて、まとめと補足を兼ねて簡単に説明しておきたい。

《科学論の「三つの波」》

第一章で提示される科学論の「三つの波」という図式は、科学論という、一般の人々に分かりにくい学問領域の概要を知るために、非常に便利な道具である。読者の中には、科学論という学問領域があることすら知らない人も多くいるだろうし、知っているという人でも、科学論とは、科学を非専門家向けに分かりやすく説明するものだと考えていたり、科学のプロセスを哲学的に考察する分野だと考えていたり、あるいは、場合によっては、科学を批判し、科学に敵対する人文学系の学問領域だと考えている人もいるかもしれない。それらすべてが間違っているとは言わないが、科学論というのは、もう少し複雑な学問領域である。コリンズによれば、科学論は三つの波によって大きく区別される歴史を持っている。歴史は現状に地層となって含まれていると考えるならば、「三つの波」は、科学論の三つの層と考えることもでき、それが科学論という領域の複雑さをなしているのである。

「第一の波」は、科学を「礼讃」する科学論である。一九五〇年代まで、時代精神が科学を礼賛していた時代において、科学論は、主に、科学という奇跡が起きる仕組みを説明することを目的としていた。第一の波の中心をなすのは、ポパーの「反証主義」とマートンの「科学者の社会学」である。歴史的事例としては、反証主義的科学観を例示する事例が主に取り上げられ、例えば、相対性理論とニュートン物理学が、光の速度や星の位置に関して異なる予想を出し、実験や観察によってニュートン物理学が反証されて、相対性理論が反証テストに耐えたという話であったり、微生物が自然発生するかしないかが論争になったとき、パスツールがスワンネックフラスコを使った実験によって自然発生説を反証したという話などが一般的には有名である。つまり、科学の模範的発展は、いわゆる「決定実験」によって理論が修正されたり変更されたりすることによって起こるとされ、そこでは、科学というのは実験や観察に基づいているから素晴らしい知識であるということは前提とされ、それがどのように機能しているか、そして、どのようにしたら、うまく機能させられるかが論じられていた。

「第二の波」は、科学を「批判」する科学論である。一九六〇年代に科学史研究から登場したクーンのパラダイム論に端を発し、一九七〇年代になり「科学的知識の社会学」がその中心となる。コリンズの言葉を借りれば、第一の波の語ってきた科学のプロセスや科学の歴史が、「おとぎ話」であることを示し、詳細な調査によって科学の本当の姿を描き出したのが第二の波ということになる。右では便宜上、科学の「批判」としたが、これは科学に「敵対」することではない。

その点について、ここで一つ注意をうながす補足をしておきたい。コリンズの使う「おとぎ話」という表現はとても的確な表現である。第一の波の語るおとぎ話とは、例えば、実験による理論の反証というプロセスや、それを鮮やかに例示している（ように語られる）歴史的事例（相対性理論とニュートン物理学の決定実験や自然発生説を否定するパスツールの実験など）のことである。本文中の訳注でも記したが[*2]、コリンズが短く述べているように、こうしたおとぎ話が科学者（の卵）にとっては無害で、むしろ有効なものであることを確認しておくことは非常に重要である。第二の波の科学論に触れた人の多くは、たいてい、一つの疑問を抱くことになる。反証主義的科学観やそれに基づく歴史的逸話がおとぎ話であるとしたら、なぜ、いまだに、科学の教科書や科学者の書く啓蒙書には、本当の話ではなくおとぎ話が載っているのか、と。実は、それには正当な理由がある。おとぎ話は、科学を理解し、科学の世界に入っていくための端緒としては、非常に有効なのである。そして、科学者（の卵）は、実際に科学者になっていく過程で、自然に理論と実験の関係の機微は学んでいくから、おとぎ話で基本を学ぶことは彼らにとっては無害である。むしろ、基本となるものは曖昧なニュアンスや詳細な事実などが省かれた単純なものの方が理解しやすく有効である。問題は、科学外部の者が、そのおとぎ話だけで科学を知り、それを使って科学の判定（つまり、科学と非科学の区別など）をしようとする場合である。そのとき、おとぎ話は場合によっては有害なものとなる。

つまり、第二の波が警告するのは、科学者たちが内部で教育のためにおとぎ話を使うことではなく、科学外部の者がおとぎ話を使って科学を判定する危険性なのである。ただし、科学者たちが外部の人々に向かって、自分たちの権威を維持するために、第一の波の科学観を使う場合もあるので、それには十分に注意する必要がある。

具体的に、第二の波のもたらす重要な知見は、科学は我々が思っているよりは不確実なものであることと、科学的事実の決定プロセスには本質的に政治性が含まれるということである。[*3] だから、科学者コミュニティーが科学的事実を決定するのには長い時間がかかる。さらに、そうした知見に基づいて、例えば、安全や健康や環境などに関わる公共領域の科学論争においては、科学的事実の決定と政治的判断形成を分けて考えるべきであること、そして、政治的判断形成に関し

＊2　この二つの事例の「おとぎ話」でない詳細については、Collins and Pinch, 1993/1998 を参照せよ。
＊3　このことは、特に最先端で不確実性と闘っている科学において顕著である。既に決まっている結果を確かめるような実験を除けば、実験には「解釈の柔軟性」や「実験者の悪循環」が避けられないからである。

ては、科学者のみに任せておくべきでなく、一般市民が関与すべきであることが主張される。こうして、第二の波では、「科学を専門家のみに任せていてはいけない」と主張されることになる。注意すべきであるが、第二の波は、科学者たちが欺瞞に満ちているから「科学を専門家のみに任せていてはいけない」と主張するのではなく、科学というシステムが、本質的に、右で述べたような性質を持っているから「科学を専門家のみに任せていてはいけない」と主張するのである。

「第三の波」は、科学を「擁護」する科学論である。科学の擁護といっても、第一の波の科学観に戻るということではない。まず、第三の波は、第二の波のもたらした知見をほとんどそのまま踏襲する。そのうえで、科学の特別性を主張することを目的とするのである。本文の言葉を借りれば、それが目指すのは、「科学についてのおとぎ話を語らないで科学を特別なものとして扱うこと」である。

第二の波は、科学が不確実であることを強調するが、第三の波は、科学の不確実性が避けられないことを踏まえた上で、いかにして科学の特別性を維持できるかという問題を扱う。つまり、科学は不確実であるのは確かであるが、良識ある一般人の判断と科学者たちの判断に違いがないと考えられてはならないということである。第二の波は、科学のプロセスに本質的に政治性が含まれることを強調する――その知見自体はそのまま第三の波でも踏襲される――が、第三の波では、本質的でない政治性はなるべく排除すべきであることが強調される。つまり、科学のプロセスには本質的に政治性が含まれているのは確かであるが、開き直って、科学の中に（本質的でない）政治性を持ち込むことまで奨励されてはならないということである。だから、科学者コミュニティーの内部の科学者たちは、科学からなるべく政治性をなくそうと——決してなくなりはしないのだが——常に務めているべきで、外部の人々もその志を尊重するべきとされる。

第一の波では、科学の特別性は、実験や観察といった自然との特権的な関係性に基づくとされていたが、第三の波では、科学の特別性は、科学者コミュニティーの持つ特別性に基づくとされる。そして、科学者コミュニティーの特別性は、研究対象領域についての「経験に基づく専門知（暗黙的）」と、コミュニティーの持つ独特の「エートス」に基づくとされる。コリンズによれば、ここで、科学者コミュニティーの特別性の基盤となる「エートス」を表現するものとして、第一の波の反証主義的科学観やマートンの提示した科学の規範が復活することになる。

そうした科学観のもとで、具体的な問題に対処するために重要となるのは、科学において、専門家に任せるべき部分と専門家のみに任せていてはいけない部分を把握することである。そのためには、専門知について詳細に調べ分類することが必要となる。それが、第三の波で専門知論が中心的テーマとなる理由である。[*4]

＊4　三つの波の相互の違いについては、Collins and Evans 2007 の付録（pp. 143–45）でもまとめられているので参照せよ。

《暗黙知について》

コリンズの専門知論は、マイケル・ポランニーの暗黙知論を継承するものである。その最大の特徴は、専門知の獲得の本質を暗黙知の獲得とする点である。しかし、実は、ポランニーの暗黙知論とコリンズの暗黙知論には少し違いがある。本書では詳細は論じられていないが、その違いは、本書の議論において重要なポイントとなっている。

暗黙知とは、我々が知っているが、言語で明示的に表現できない知識のことである。ポランニーの暗黙知論でよく出される例は「自転車の乗り方」で、自転車に乗れる人は、自転車の乗り方を知っているが、その知は、言語で表現できず、マニュアルのようなもので完全に人に伝えることはできない。この例に即して、コリンズは、自身とポランニーとの間の暗黙知観の違いについて次のように述べている。

ポランニーは、「自転車の乗り方」について論じていたのではなく、「自転車のバランスのとり方」について論じていたのである。自転車の乗り方には、二つの要素が含まれている。一つは、バランスのとり方で、もう一つは、交通交渉術である。……交通交渉は、自転車のバランスをとることとは、種類上異なる課題である。……そうしたもの〔交通交渉術の暗黙知〕は、社会的グループの所有物である。つまり、場所や時代によって変化するものである。それをマスターするためには、技能の身体化ではなく、当該のグループの実践の中に社会化されることが必要である。[*5]

ポランニーの暗黙知論では、暗黙知は、個人が所有していて、個人から個人へと伝達されるものだった。そして、それを言語で表現できない理由は、その知が身体化されているからであった。コリンズの専門知論では、暗黙知は、（少なくともその一部は）コミュニティーに付随するもので、個人が暗黙知を獲得するためには、そのコミュニティーの中に社会化されることが必要である。個人は、コミュニティーの中に社会化され、コミュニティーの持つ暗黙知を共有することによって、暗黙知を獲得するのである。だから、暗黙知はコミュニティーが変われば変化する。例えば、日本で自転車に乗れる人がドイツで自転車に乗れるわけではない。自転車のバランスのとり方は、月面でのように重力が違わない限り、地球上ならばどこでも同じであるが、交通交渉術が二つのコミュニティーでは違うからである。[*6]

＊5　Collins and Evans, 2007, pp. 26–27.

＊6　このように暗黙知が、知の身体化ではなく、コミュニティーへの社会化によって獲得されるという考え方は、「対話的専門知」という新しいカテゴリーの専門知とも関係している。対話的専門知の獲得のように、暗黙知は、身体的実践を伴わない、言語活動のみへの社会化によっても獲得される。

交通交渉術のような暗黙知の重要な要素の一つは、「何をみるべきで、何をみなくてよいか」が分かることである。右の例を続けて使えば、例えば、自転車の乗り方を知っている人、つまり、その暗黙知を持っている人とは、交通交渉の中で、どのような状況に注意すべきかが分かっている人のことである。そして、それは、裏を返せば、どのような状況には注意しなくていいかが分かっているということでもある。その識別は、自転車の乗り方を知らない人に対して、言語でもある程度は伝達できるだろうが、完全に伝えることはできない。そもそも、ほとんどの場合、自転車の乗り方を知っている人は、自分が、そうした識別をしていることに気付いてすらいない。しかし、その暗黙知は、交通参加者コミュニティーにおいて非常に重要な機能を果たしている。なぜなら、現実的には、もしすべての人がすべての状況に注意していたら、おそらく、自転車に乗るという行為は成立しないからである。

もちろん、コミュニティーの暗黙知が修正されるべき場合もある。例えば、あるコミュニティーでは、自動車で交差点を右折する時に前方から来るオートバイにさほど注意しないという交通交渉術が浸透していて、それが多くの事故を引き起こすことが分かったならば、その暗黙知は修正されるべきである。

コリンズ専門知論において、「専門知」の獲得の中核をなすのは、専門家のコミュニティーの中に社会化されることによって、そのコミュニティーに付随する「暗黙知」を獲得することである。これは、様々な種類の専門知すべてに共通する獲得理論である。我々は、自転車乗りコミュニティー、日本語話者コミュニティー、重力波物理学コミュニティーなどの中に社会化されることで、その専門家コミュニティーに付随する暗黙知を獲得し、自転車乗りの専門家（自転車に乗れる人）、日本語を話す専門家（日本語話者）、重力波物理学の専門家（重力波物理学者）になるのである。つまり、コリンズの専門知論において、重要な区別は、専門家コミュニティーに付随する暗黙知を持っているか否かの違い、換言すれば、専門家コミュニティーの内部にいるか外部にいるかの違いである。

《異端派科学者について》

暗黙知や専門知をこのように解釈することにより、第二の波の科学論が抱えていた一つのジレンマを解消することができる。それは、異端派科学者についての考え方である。科学者コミュニティーには常に少数異端派の科学者たちがいる。科学的に何の不備もない主張をしていながら、コミュニティー内部で主流派の科学者たちに軽視されたり無視されたりしている科学者たちのことである。例えば、十七世紀初頭のイタリアにおいて太陽中心説を提唱していた科学者、一九八〇年代において胃潰瘍の原因となる病原体があると主張していた科学者、エイズの原因がHIVでないと主張する科学者、超心理学的な念力を研究している科学者、喫煙は健康被害をもたらさないと主張する科学者、人間由来の気候変動を否定する科学者、コリンズの好む例では、重力波物理学コミュニティーにおけるウェーバーのような科学者のことである。

こうした科学者たちを我々はどのように扱ったらいいのだろうか。科学の発展の可能性を開いておくためには、こうした科学者を排除することは致命的である。ひょっとしたら——あくまで可能性として、であるが——、主流派が間違っていて、異端派の彼らが正しいのかも知れないからである。歴史的に科学は、異端派科学者によって発展してきたといっても過言ではない——右でいくつかあげた例を注意して見てほしい。異端派科学者のほとんどは異端派のまま終わるが、次の科学革命を起こすのも異端派科学者なのである。しかし、そうだとしたら、右のような科学者たちすべてを我々は、主流派科学者たちと同等に扱わねばならないのだろうか。実はそんなことはないのである。

まず、当該の科学者コミュニティーの内部では、右で述べた通り、異端派の主張を並存させておくことは必要不可欠である。そして、そのことは、それほど大きな問題とはならない。なぜなら、コミュニティー内部の科学者たちは、現在の科学者コミュニティー内での交通交渉術を暗黙知として持っていて、何を軽視すべきかが分かっているからである。それは「スペシャリスト暗黙知」と呼ばれるものの一要素である。そこで行われている、異端派と主流派の識別は、コミュニティーに付随する暗黙知によるものなので、外部の人々に納得のできる形で伝達することはできないが、非常に重要な機能を果たしている。すべての状況に注意していたら自転車に乗っていられないのと同様に、すべての異端派をまともに扱っていたら、現実的に科学を機能させることはできないからである。

そして、コミュニティー外部の者が利用すべきは、現実的に機能している科学である。少なくとも、我々、つまり当該の科学者コミュニティー外部の素人には、ひょっとしたら後に正しいことになるかも知れない異端派科学者に肩入れするような配当の低いギャンブルをする意義も必要性も能力もない。むしろ、それは危険ですらある。その危険性は、南アフリカのムベキ大統領の事例を見れば明らかである。

もちろん、科学者コミュニティーの「スペシャリスト暗黙知」が修正されるべきものであったり、実際に修正されたり変化したりすることもある（それこそが科学革命であり、科学の発展である。そして、その過程自体は科学史的には最も興味深い点である）。しかし、そうした暗黙知の修正や変化も、コミュニティー内部で起こることであり、コミュニティー外部の個人が直接的に関与できることではない。[*7]

特に危険なのは、異端派科学者の主張が、科学者コミュニティー外部の暗黙知を持たない者（政治家や運動家や一般市民）によって、政策的判断などのために、例えば、自分にとって好都合な結論の科学的後ろ盾として、使用される場合である。そして、気を付けねばならないのは、そう

＊7　本文中でも述べられているように、ガリレオの嫌疑を晴らしたのも、マーシャルとウォレンの嫌疑を晴らしたのも、科学者コミュニティー外部の一般市民でもなければ、神様でもなく、かつて彼らを軽視していた（が後に変化した）科学者コミュニティーなのである。ただし、科学者コミュニティーの変化に、外部の社会的文化的状況の変化が、長期的にどのような影響を与えるかは別の問題である。

した異端派科学の主張は、ほとんどの場合、科学として何の不備もなく、完璧な説得力を持っているということである。これが、本書で何度も強調される、暗黙知を伴わない「一次資料知」が危険な理由である。

注意すべきであるが、右で述べたことは、謀略のような道徳的異常事態が背景にない場合に限定した話である。コミュニティー内での「暗黙知」による異端派の軽視は、コミュニティー内部（あるいは外部）の一部の人間や利害関係などに影響されて「意図的に」実現される、意見や立場の一律化――これは忌避すべき異常事態である――とは、まったく別のものである。自転車に乗れる人が、ある交通状況を「意図的に」軽視しているわけではない――ほとんどの場合、その人は自分がその状況を軽視していることすら気付いていない――のと同様に、背景に異常事態がない限り、コミュニティー内部の科学者たちは、決して、何らかの利害関係に従って、意図的に異端派科学者を軽視しているわけではない。[*8] 大雑把に述べてしまえば、このようにコミュニティーに付随する「暗黙知」の機能による人間の判定は、先に述べた、第三の波（と第二の波）が主張する「科学に本質的に含まれる政治性」の一要素である。それに対し、何らかの影響によって意図的にコミュニティーに持ち込まれる人間の判定は、避けられるべき「科学にとって非本質的な政治性」である。

もちろん、現実には、異端派が軽視され（たり重視され）る原因の背景に、利害関係や感情に影響された徒党を組んだ謀略などの異常事態がある場合も考えられる――この場合は、異端派の軽視は「意図的に」行われるのであり、「暗黙知」によるものではない。この点に関して、コリンズ科学論は決して科学者性善説に基づいているわけではない。そのような異常事態に対しては、外部の人間は、利害関係などの詳細な探偵調査によって——つまり、「ローカルな差別化」を駆使して——それを暴くことができる。加えて、(本書では触れられていないが、)そもそも(意識的にであれ無意識にであれ)徒党を組めないようにしておくために、科学者コミュニティー内部は、なるべく利益の流れや権力や価値観が多様化するように組織化しておくという対策も重要である。

《専門知論を「エリート主義」とする批判について》

暗黙知論に対しては、実は、典型的な一つの批判パターンがある。暗黙知論が批判される場合、ほとんどの批判は、それが「エリート主義 elitism」につながるのではないかという疑問に基づいている。極端なことを言えば、ある専門家が、自分は経験に基づく専門知(暗黙知)を持っていると主張すれば、どんな理不尽な主張も通ってしまうことになりはしないかという疑問である。このように、専門知の所持が、専門家に無条件の権威を与える呪文のように使われることは避けられねばならない。コリンズ専門知論では、暗黙知はコミュニティーに付随するので、このよう

---

*8　さらに言えば、そのような暗黙知の機能自体を(隠れた)「権力」として問題にすることはまた別の議論となる。

な極端な欺瞞的個人の問題は何らかの形で解消できるかもしれないが、そうだとしても、ある個人がコミュニティー内部の者か外部の者か、つまり、暗黙知を持っているか否かを、誰がどのように判定するのか、さらに、コミュニティー内のある傾向性は暗黙知の機能によるもので、別の傾向性は意図的な欺瞞によるものだということをどのように判定するのかといった疑問は残る。[*9]

こうした問題は、「メタ専門知」に関わる問題であり――メタ専門知の主要素も暗黙知である――、それについては、ここで詳細を論じることはできない。簡単に、コリンズ専門知論側から返答するとしたら次のようになるだろう。まず、専門家が素人に向けて納得できるように説明できないような、専門家にしか分からないこと――つまり、暗黙知を主要素とする実質的専門知――は現実に存在する。日本語を理解できる能力、自転車に乗ることができる能力、料理や洗濯を効率よく上手にこなす能力、インターネットで情報を取得する能力、自分の仕事の領域で適切な判断ができる能力など、そうした能力を持っている人は、その能力に暗黙知的要素が含まれていること、つまり、その能力を持たない人に対して、すべてを言葉で伝えることができないことを実感として分かっているはずである。だとしたら、エリート主義を否定するために、その実感までも否定して、暗黙知を伴った実質的専門知などはないとしたり、それについて論じないとするのは本末転倒ということになる。重要なことは、エリートの存在そのものを防ぐことではなく、エリート主義が有害に働くのを防ぐことであり、むしろ、暗黙知を伴った実質的専門知の存在を認め、それを詳しく類別し、調べることで、それが可能となるのである。[*10]

《「遠望が景色を美化する」――「論争」と「キャンペーン合戦」》

むすびにかえて、コリンズがたびたび使う「遠望が景色を美化する」という慣用句を取り上げておきたい。本文でコリンズは次のように述べている。

我々は、人々が科学の各プロセスについてよく知っている方がいいということも、人々が様々な科学的結論が生活に与える影響について理解している方がいいということも分かっている。しかし、それでも、科学の内部と外部には、……重要な違いがあることを忘れてはならない。（本書、一一五頁）

繰り返しておくが、コリンズの主張は、決して、素人が科学の話題に口を出してはいけないとか、科学の問題は専門家に任せておけばいいなどという安易なものではない。「遠望が景色を美化する」あるいは「科学の核の内部と外部ではものごとの運び方がまったく違う。」これらの言

＊9　この点に関して、基準や指標について考えることは無意味とは言えないが、最終的には、客観的な判定基準を作ることは不可能である。そもそも、そうした判定基準を客観的に示すことができないから「暗黙知」と呼ばれるのである。

＊10　例えば、本文で登場した、カンブリア地方の牧羊農夫の事例を思い出して欲しい。

葉は、一般の人々の科学論争への参加を排除するものではなく、むしろ、それをうまく機能させるために必要な注意事項として捉えるべきである。特に日常生活に関わる科学論争について、当該専門家コミュニティーの外部の一般の人々――この中には、他の分野を専門分野とする科学者も含まれる――が、価値観の多様性を維持しつつ、様々な場面で知識を深め、(キャンペーン合戦でない本当の)議論をし、判断形成に参加していくことが推奨されるのは前提である。その上で、我々は、常にこの慣用句を思い出すことが必要であるとコリンズは提言しているのである。

「核の外部」では、遠望によって景色は美化され、単純で極端な立場の対立図式で話が進み、そこでは、真摯な論争でなく「キャンペーン合戦」が行われがちである。そして、ともすると、公衆による科学論争への参加は、キャンペーン合戦への参加というかたちで行われがちである。キャンペーン合戦とは、感情や人気や利害関係などに訴えて仲間を募ることで、「はじめから信じることを決めているような人」を増やす競争である。そこで行われるのは、はじめから信じると決めている人たちだけを説得する議論(のように見えるパフォーマンス)であって、実はそれは、議論でも論争でもない。我々はこのことを常に心に留めておくべきである。それは、皮相的で短絡的な情報の氾濫によって、あらゆる問題が「キャンペーン合戦」という形に流れやすい現代において、特に重要なことである。殊に科学に関しては重要である。なぜなら、科学は、我々の生の可能性や人類の未来に直接的に関わる重要事項だからである。

＊

最後に、訳文を読み問題点などを詳細に指摘してくれた小池大地君、東京海洋大学の講義で訳文の一部を教材として使用した際に意見を述べてくれた聴講者の皆様、上智大学の講義でコリンズ科学論について紹介した際に意見や疑問を述べてくれた聴講者の皆様、編集を担当して下さった法政大学出版局の前田晃一氏に心よりの謝意を表したい。

翻訳についての責任はすべて私一人にある。間違いは多々あるかもしれないが、原著の面白さと有効性を損なっていない訳になっていることを願っている。

鈴木俊洋

二〇一七年初春　入間市にて

索引

サ行

参考文献

Beller, Mara. 1999. *Quantum Dialogue: The Making of a Revolution.* Chicago, IL: University of Chicago Press.

Bloor, David. 1973. 'Wittgenstein and Mannheim on the Sociology of Mathematics', *Studies in the History and Philosophy of Science* 4: 173–91.

Collins, Harry. 1974. 'The TEA Set: Tacit Knowledge and Scientific Networks', *Science Studies* 4: 165–86.

Collins, Harry. 1975. 'The Seven Sexes: A Study in the Sociology of a Phenomenon, or The Replication of Experiments in Physics', *Sociology* 9/2: 205–24.

Collins, Harry. 1985/1992. *Changing Order: Replication and Induction in Scientific Practice*, 2nd edn. Chicago, IL: University of Chicago Press.

Collins, Harry. 2013a. *Gravity's Ghost and Big Dog: Scientific Discovery and Social Analysis in the Twenty-First Century.* Chicago, IL: University of Chicago Press.

Collins, Harry. 2013b. 'Three Dimensions of Expertise', *Phenomenology and the Cognitive Sciences* 12/2: 253–273, DOI: 10.1007/s11097-011-9203-5.

Collins, Harry, and Evans, Robert. 2002. 'The Third Wave of Science Studies: Studies of Expertise and Experience', *Social Studies of Science* 32/2: 235–96.

Collins, Harry, and Evans, Robert. 2007. *Rethinking Expertise*. Chicago, IL: University of Chicago Press.

Collins, Harry, and Pinch, Trevor. 1993/1998. *The Golem: What You Should Know About Science*. Cambridge and New York: Cambridge University Press [2nd edn, Canto, 1998].〔H. コリンズ、T. ピンチ、『七つの科学事件ファイル――科学論争の顛末』、福岡伸一訳、化学同人、1997年〕

Collins, Harry, and Sanders, Gary. 2007. 'They Give You the Keys and Say "Drive It": Managers, Referred Expertise, and Other Expertises', in Collins (ed.), *Case Studies of Expertise and Experience: Special Issue of Studies in History and Philosophy of Science* 38/4: 621–41.

Collins, Harry, and Weinel, Martin. 2011. 'Transmuted Expertise: How Technical Non-Experts Can Assess Experts and Expertise', *Argumentation* 25/3: 401–13.

Davies P., Chapman, S., and Leask, J. 2002. 'Antivaccination Activists on the World Wide Web', *Archives of Disease in Childhood* 87: 22–5.

Epstein, Steven. 1996. *Impure Science: AIDS, Activism and the Politics of Knowledge.* Berkeley, Los Angeles, CA, and London: University of California Press.

Evans, Robert. 1999. *Macroeconomic Forecasting: A Sociological Appraisal.* London: Routledge.

Fleck, Ludwik. 1979. *Genesis and Development of a Scientific Fact.* Chicago, IL: University of Chicago Press [first published in German in 1935].

Forman, Paul. 1971. 'Weimar Culture, Causality and Quantum Theory, 1918–1927: Adaptation by German Physicists and Mathematicians to a Hostile Intellectual Environment', *Historical Studies in the Physical Sciences* 3: 1–115.

Giles, J. 2006. 'Sociologist Fools Physics Judges', *Nature* 442: 8.

Gross, L. 2009. 'A Broken Trust: Lessons from the Vaccine–Autism Wars', *PLoS Biol*7/5:e1000114. doi:10.1371/journal.pbio.1000114(p5).

Hargreaves, I., Lewis, J., and Speers, T. 2003. 'Towards a Better Map: Science, the Public and the Media', *Economic and Social Research Council.* Available at: <http://www.comminit.com/en/node/177710>.

Huxham, M., and Sumner, D. 1999. 'Emotion, Science and Rationality: The Case of the "Brent Spar"', *Environmental Values* 8: 349–68.

Irwin, Alan. 1995. *Citizen Science: A Study of People, Expertise, and Sustainable Development.* London: Routledge.

Jasanoff, Sheila. 2003. 'Breaking the Waves in Science Studies; Comment on H. M. Collins and Robert Evans, "The Third Wave of Science Studies"', *Social Studies of Science* 33/3: 389–400.

Kuhn, Thomas S. 1962. *The Structure of Scientific Revolutions.* Chicago, IL: University of Chicago Press.〔トーマス・クーン、『科学革命の構造』、中山茂訳、みすず書房、1971年〕

MacKenzie, D. 1997. 'The Certainty Trough', in R. F. W. Williams and J. Fleck, *Exploring Expertise: Issues and Perspectives.* Basingstoke: Macmillan, pp. 325–9.

Merton, R. K. 1942. 'Science and Technology in a Democratic Order', *Journal of Legal and Political Sociology* 1: 115–26.

Michaels, David. 2008. *Doubt is Their Product: How Industry's Assault on Science Threatens Your Health.* New York: Oxford University Press.

Nattrass, Natalie. 2007. *Mortal Combat: AIDS Denialism and the Struggle for Antiretrovirals in South Africa.* Scottsville: University of KwaZulu Press.

Office of Science and Technology and the Wellcome Trust. 2000. *Science and the Public: A Review of Science Communication and Public Attitudes to Science in Britain.* London: Wellcome Trust.

Oreskes, Naomi, and Conway, Erik, M. 2010. *Merchants of Doubt: How a Handful of Scientists Obscured the Truth on Issues from Tobacco Smoke to Global Warming.*

London: Bloomsbury Press.〔ナオミ・オレスケス、エリック・M. コンウェイ、『世界を騙しつづける科学者たち〈上〉・〈下〉』、福岡洋一訳、楽工社、2011年〕
Snow, C. P. 1959. *The Two Cultures and the Scientific Revolution*. Cambridge: Cambridge University Press.〔C. P. スノウ、『二つの文化と科学革命』、松井巻之助・増田珠子訳、みすず書房、2011年〕
Tart, C. T. (1972). 'States of Consciousness and State-Specific Sciences', *Science* 176: 1203–10.
Turner, Stephen. 2001. 'What is the Problem with Experts?', *Social Studies of Science* 31: 123–49.
Turner, Stephen. 2003. *Liberal Democracy 3.0: Civil Society in an Age of Experts*. Newbury Park: Sage, p. 5.
Weinel, M. 2008. 'Counterfeit Scientific Controversies in Science Policy Contexts. Cardiff School of Social Sciences Working Paper #120'. Cardiff: Cardiff School of Social Sciences.
Weinel, M. 2009. 'Thabo Mbeki, HIV/AIDS and Bogus Scientific Controversies'. Politicsweb 19 March. Retrieved from: <http://www.politicsweb.co.za/politicsweb/view/politicsweb/en/page71619?oid=121968&sn=Detail>.
Weinel, M. 2010. 'Technological Decision-Making under Scientific Uncertainty: Preventing Mother-to-Child Transmission of HIV in South Africa' (PhD Thesis). Cardiff: Cardiff School of Social Sciences.〔訳注：http://orca.cf.ac.uk/55502/から参照可能〕
Weinel, M. 2012. 'Expertise and Inauthentic Scientific Controversies: What You Need to Know to Judge the Authenticity of Policy-Relevant Scientific Controversies', in J. Goodwin (ed.), *Between Scientists & Citizens: Proceedings of a Conference at Iowa State University, June 1–2, 2012*. Ames, IA: Great Plains Society for the Study of Argumentation, pp. 427–40.
Winch, Peter G. 1958. *The Idea of a Social Science*. London: Routledge and Kegan Paul.〔ピーター・ウィンチ、『社会科学の理念――ウィトゲンシュタイン哲学と社会研究』、森川規雄訳、新曜社、1977年〕
Wittgenstein, Ludwig. 1953. *Philosophical Investigations*. Oxford: Blackwell.〔ルートヴィヒ・ヴィトゲンシュタイン、『哲学探究』、丘沢静也訳、岩波書店、2013年〕
Wynne, Brian. 1996. 'May the Sheep Safely Graze? A Reflexive View of the Expert–Lay Knowledge Divide', in S. Lash , B. Szerszynski and B. Wynne (eds), *Risk, Environment & Modernity: Towards a New Ecology*. London: Sage, pp. 27–83.

《叢書・ウニベルシタス　1055》
我々みんなが科学の専門家なのか？

2017年4月27日　　初版第1刷発行
2024年1月31日　新装版第1刷発行

ハリー・コリンズ
鈴木俊洋 訳
発行所　一般財団法人　法政大学出版局
〒102-0071 東京都千代田区富士見 2-17-1
電話03(5214)5540 振替00160-6-95814
組版：HUP　印刷：ディグテクノプリント　製本：積信堂

Printed in Japan

ISBN978-4-588-14083-9

著　者

ハリー・コリンズ（Harry Collins）

1943年生まれ。イギリスの科学社会学者。2012年にイギリス学士院フェローに選出。現在、ウェールズのカーディフ大学特別栄誉教授。かつて、バース大学の教授職を務め、「バース学派」と呼ばれる「科学的知識の社会学」の研究者グループの中心を担った。現在は、専門知論を中心とした科学論の「第三の波」の提唱者として著名で、重力波物理学コミュニティについての研究でも知られる。邦訳された著作に、『民主主義が科学を必要とする理由』（R. エヴァンズとの共著、鈴木俊洋訳、法政大学出版局、2022年）、『専門知を再考する』（R. エヴァンズとの共著、奥田太郎監訳、和田慈、清水右郷訳、名古屋大学出版局、2020年）、『解放されたゴーレム――科学技術の不確実性について』（T. ピンチとの共著、村上陽一郎・平川秀幸訳、ちくま学芸文庫、2020年）、『七つの科学事件ファイル――科学論争の顛末』（T. ピンチとの共著、福岡伸一訳、化学同人、1997年）などがある。

訳　者

鈴木俊洋（すずき・としひろ）

1968年生まれ。東京大学大学院総合文化研究科広域科学専攻博士課程修了。博士（学術）。現在、崇城大学総合教育センター教授。主な著作に、『数学の現象学――数学的直観を扱うために生まれたフッサール現象学』（法政大学出版局、2013年）、『理系のための科学技術者倫理――JABEE基準対応』（共著、丸善出版、2015年）、『岩波講座 哲学05　心／脳の哲学』（共著、岩波書店、2008年）など。訳書に、H. コリンズ＋R. エヴァンズ『民主主義が科学を必要とする理由』（法政大学出版局、2022年）、M. クーケルバーク『AIの倫理学』（共訳、丸善出版、2020年）、P.-P. フェルベーク『技術の道徳化――事物の道徳性を理解し設計する』（法政大学出版局、2015年）などがある。